中华民族共同体视域下的汉代羌族内迁研究

李正周　著

新华出版社

图书在版编目（CIP）数据

中华民族共同体视域下的汉代羌族内迁研究 / 李正
周著. -- 北京 : 新华出版社, 2024.9. -- ISBN 978-7-
5166-7552-6

Ⅰ. K287.4

中国国家版本馆CIP数据核字第2024QP9855号

中华民族共同体视域下的汉代羌族内迁研究

著者： 李正周
出版发行： 新华出版社有限责任公司
　　　　　　（北京市石景山区京原路8号　邮编：100040）
印刷： 河北万卷印刷有限公司

成品尺寸： 170mm×240mm　1/16	**印张：** 9　　　**字数：** 150千字
版次： 2024年9月第1版	**印次：** 2024年9月第1次印刷
书号： ISBN 978-7-5166-7552-6	**定价：** 58.00元

微店　　　视频小号店　　　抖店　　　京东旗舰店　　　请加我的企业微信

微信公众号　　　喜马拉雅　　　小红书　　　淘宝旗舰店　　　扫码添加专属客服

该成果为山东省社科规划一般项目"两汉时期汉羌民族融合研究"（项目号：24CMZJ01）的最终成果

前　言

　　对于羌族对中华民族的形成所作出的贡献，费孝通先生给予了充分肯定。他说："羌人在中华民族形成过程中起的作用似乎和汉人刚好相反。汉族是以接纳为主而日益壮大的，羌族却以供应为主，壮大了别的民族。很多民族包括汉族在内从羌人中得到血液。"

　　两汉羌族内迁对两汉西北边疆产生了深远的影响，正是因为西汉王朝实施了"隔绝羌胡"的边疆战略，西汉王朝才成功地解决了最大的边患——匈奴问题，不仅打通了丝绸之路，而且保证了整个西汉王朝时期与西域的畅通。反之，东汉王朝正是因为没有处理好羌族内迁问题，才导致了东汉后期羌、南匈奴、鲜卑的联合反汉的"羌祸"，导致了东汉"三绝三通"西域，最终导致了东汉的灭亡。汉代的羌族内迁问题，是汉代边疆治理的重要组成部分，也是中华民族共同体形成的一个重要节点。两汉羌族内迁、族际互动的历史进程，对中华民族共同体的发展提供了核心凝聚力，揭示了"西北民族走廊"对民族交往交流交融的巨大促进作用；两汉的屯田促进了民族间文化上的兼容并蓄、经济上的互相依存和情感上的相互亲近，是民族间交往交流

交融的真实写照，体现了中华民族共同体发展的内在驱动力；两汉羌族管理机制是民族间交往交流交融的制度保证和优势，两汉对羌族"因俗而治"的社会治理对民族间交往交流交融提供了促进力；两汉对西北边疆的治理对中华民族共同体的发展提供了基础保障。

汉代民族交往交流交融加强了民族融合。两汉时期，活跃于历史舞台的是以河湟为中心的西羌，汉与西羌的交往交流，促进了西羌的内迁和民族交融。中原王朝的拓边，始与西羌接触，因此，选择汉代羌族内迁问题进行研究，不仅可以探索"羌"这个古老民族发展的基本脉络，了解中华民族形成的历史进程，而且对于进一步探索中华民族共同体形成、发展和演变有着很大的裨益。

笔者 代为序

二〇二三年春于鲁大

目 录

第一章　汉代羌人的族群

第一节　汉代的东、西羌问题

　　羌族，是我国众多民族中最古老的民族之一。在长期的历史发展进程中，由于不同的背景和不同的条件，羌族中若干分支逐渐发展演变，现今的藏族、彝族、纳西、基诺、景颇、哈尼、傈僳、普米、独龙、土家和怒族等等都与羌族有或多或少的关联，因此羌族史的研究在民族史研究中有着非常重要的地位。

　　《后汉书·西羌传》说："且冻分遣种人寇武都，烧陇关，掠苑马。（永和）六年春，马贤将五六千骑击之，到射姑山，贤军败，贤及二子皆战殁……于是东、西羌遂大合。"①

　　《资治通鉴》卷五十二汉顺帝永和六年（141年）："春，正月，丙子，征西将军马贤与且冻羌战于射姑山，贤军败，贤及二子皆没，东、西羌遂大合。"②对此，胡三省注曰："羌居安定、北地、上郡、西河者，谓之东羌；居陇西、汉阳，延及金城塞外者，谓之西羌。"③

　　《后汉书·西羌传》说："西羌之本，出自三苗，姜姓之别也。其国近南岳，及舜流四凶，徒之三危，河关之西南羌地是也。滨于赐支，至乎河首，绵地千里。赐支者，《禹贡》所谓析支者也。南接蜀、

①　范晔.后汉书[M].北京：中华书局，1965：2895—2896.
②　司马光.资治通鉴[M].北京：中华书局，1956：1689.
③　司马光.资治通鉴[M].北京：中华书局，1956：1689.

汉徼外蛮夷，西北接鄯善、车师诸国。"① 据《后汉书·西羌传》记载，周秦之际，羌人绵延不断。秦厉公时，羌豪无弋爰剑兴起于河湟之间，至其孙忍时，秦献公出击，忍季父印率其种人附落向南发展，后成了越西牦牛羌、广汉白马羌、武都参狼羌等族群。而忍及其弟舞留湟中，忍生九种，舞生十七种，羌人得以兴盛。范晔详细论述羌族的历史和羌与汉的交往交流交融，把羌族创造的历史与汉民族历史糅合在一起，把羌族史看成中华民族史的一部分，这在以往的史学家中是比较少见的。

有学者很早就指出有一部分羌民在东汉以前就已经居住在上郡、北地一带。② 有学者第一个将古羌、西羌、东羌、后秦分别讨论，这对于进一步剖析先秦到秦汉羌人的流动和相互关系提供了科学的解读方式。他将羌族部落笼统划分为河湟羌和东羌。有学者同时也指出，两汉以来，除了安置于陇西、金城等边羌郡县外，一部分被徙置到安定、北地、上郡等内地郡县，这就是东羌的来源。③ 有学者对历史上"东羌"现象进一步分析，证明东羌是东汉时分布在朔方、上郡、北地、云中、五原、西河地区的羌人，他们早在先秦时期就移居于此；西羌是分布在陇西、汉阳西及金城地区的羌人。后来进入东羌聚居地的西羌融入了东羌，而内迁入关中者，则仍为西羌。④ 这就为学术界聚讼多年的东、西羌问题做出了概念上的明确和深化。

---

① 范晔．后汉书[M].北京：中华书局，1965：2869.
② 马长寿．氐与羌[M].上海：上海人民出版社，1984：105.
③ 黄烈．中国古代民族史研究[M].北京：人民出版社，1987：88.
④ 陈琳国．东羌与西羌辨析[J].史学月刊，2008（4）：31—37.

第二节 文献记载汉代羌人的族群

《秦本纪》载：秦朝的疆土"地东至海暨朝鲜，西至临洮、羌中，南至北乡户，北据河为塞，并阴山至辽东"。①《括地志》称："临洮郡即今洮州，亦古西羌之地，在京西千五百五十一里羌中从临洮西南芳州扶松府以西，并古诸羌地也。"②到两汉时期，居于湟水流域的羌人部落衍生出繁多支系，《西羌传》道：羌人先祖无弋爰剑之曾孙"忍及弟舞独留湟中，并多娶妻妇。忍生九子为九种，舞生十七子为十七种，羌之兴盛，从此起矣③。"

先零羌。《汉书·赵充国传》载："是时，光禄大夫义渠安国使行诸羌，先零豪言愿时渡湟水北，逐民所不田处畜牧……是后，羌人旁缘前言，抵冒渡湟水，郡县不能禁。"④先零羌，最初居住在赐支河曲南岸的大、小榆谷，《西羌传》载：滇良"从大榆入，掩击先零"，"大破之"，"夺居其地大榆中"。⑤

---

① 司马迁. 史记 [M]. 北京：中华书局，1959：29.
② 司马迁. 史记 [M]. 北京：中华书局，1959：29.
③ 范晔. 后汉书 [M]. 北京：中华书局，1965：2876.
④ 班固. 汉书 [M]. 北京：中华书局，1962：2972.
⑤ 范晔. 后汉书 [M]. 北京：中华书局，1965：2879.

煎巩羌、黄羝羌。《赵充国传》载："煎巩、黄羝之属四千余人降汉。"①

烧当羌。《西羌传》称："无弋爱剑十三世孙"烧当，复豪健，其子孙更以烧当为种号。"②

卑湳羌。《西羌传》道："安夷县吏略妻卑湳种羌妇，吏为其夫所杀，安夷长宗延追之出塞。"③

罕开羌。"罕、开，羌之别种也。"④有学者认为："罕和开原系两个氏族，以居地相近，合称为罕开部落。"⑤颜师古云：汉朝"破罕开之羌处其人于此，因以名云"⑥。"将兵六千一百人……击罕羌，入鲜水北句廉上"⑦。

牢姐羌。《西羌传》言：中元二年（公元57年），"天水兵为牢姐种所败于白石，死者千余人。"⑧罕开羌的一部分活动于鲜水之阳，即今青海湖北岸，《赵充国传》载："分兵并出张掖、酒泉合击《段颎传》云：延熹四年（公元161年）冬，"上郡沈氏、陇西牢姐、乌吾诸种羌共寇并凉二州，（段）颎将湟中义从讨之。"⑨

① 班固.汉书[M].北京：中华书局，1962：2993.
② 范晔.后汉书[M].北京：中华书局，1965：2877.
③ 范晔.后汉书[M].北京：中华书局，1965：2881.
④ 班固.汉书[M].北京：中华书局，1962：2973.
⑤ 马长寿.氐与羌[M].上海：上海人民出版社，1984：108.
⑥ 班固.汉书[M].北京：中华书局，1962：1612.
⑦ 班固.汉书[M].北京：中华书局，1962：2980.
⑧ 范晔.后汉书[M].北京：中华书局，1965：2879.
⑨ 范晔.后汉书[M].北京：中华书局，1965：2147.

封养羌。《后汉书》："先零羌与封养牢姐种解仇结盟""迷吾又与封养种豪布桥等五万余人共寇陇西、汉阳"。①

彡姐羌。《冯奉世传》载："永光二年（公元前 42 年）秋，陇西羌彡姐旁种反。"②《西羌传》云："元帝时，彡姐等七种羌寇陇西，遣右将军冯奉世击破降之。""自彡姐羌降之后数十年，四夷宾服，边塞无事。"③

勒姐羌。"金城、陇西羌反。……（耿）恭屯枹罕，数与羌接战。""勒姐……十三种数万人，皆诣恭降"。④"勒姐种攻没破羌县。"⑤元初元年（公元 114 年），勒姐"分兵钞掠武都、汉中"。⑥元初六年（公元 119 年），"春，勒姐种与陇西种羌号良等通谋欲反，马贤逆击之于安故，斩号良及种人数百级，皆降散。"⑦"勒姐等八种羌寇陇西、金城塞，（段）颎将兵及湟中义从羌万二千骑出湟谷，击破之。"⑧"冬十一月"，"勒姐羌围允街，段颎击破之。"⑨"勒姐种犹自屯结。冬，（段）颎将万余人击破之，斩其酋豪，首虏四千人。"⑩"复击勒姐种，斩首四百余级，降者二千余人。"⑪

---

① 范晔 . 后汉书 [M]. 北京：中华书局，1965：2881.
② 班固 . 汉书 [M]. 北京：中华书局，1962：3296.
③ 范晔 . 后汉书 [M]. 北京：中华书局，1965：2877.
④ 范晔 . 后汉书 [M]. 北京：中华书局，1965：723.
⑤ 范晔 . 后汉书 [M]. 北京：中华书局，1965：2887.
⑥ 范晔 . 后汉书 [M]. 北京：中华书局，1965：2889.
⑦ 范晔 . 后汉书 [M]. 北京：中华书局，1965：2891.
⑧ 范晔 . 后汉书 [M]. 北京：中华书局，1965：2146.
⑨ 范晔 . 后汉书 [M]. 北京：中华书局，1965：307.
⑩ 范晔 . 后汉书 [M]. 北京：中华书局，1965：2147.
⑪ 范晔 . 后汉书 [M]. 北京：中华书局，1965：2147.

当煎羌。永元元年（公元 89 年），"当煎种大豪饥等，以（马）贤兵在张掖，乃乘虚寇金城，贤还军追之出塞，斩首数千级而还。"①"攻没破羌县。"②"分兵钞掠武都、汉中。"③"寇陇西金城塞，护羌校尉段颍击破之。"④"护羌校尉段颍击当煎羌，破之。"⑤"段颍击当煎羌于湟中，大破之"。⑥"当煎羌寇武威，护羌校尉段颍追击于鸾鸟，大破之。"⑦当煎又被称为"煎当"，《段颍传》称："煎当乱边，马援迁之三辅。"⑧《西羌传》亦称："煎当作寇，马文渊徙之三辅。"⑨宋绍兴本《后汉书》对"煎当乱边，马援迁之三辅"一句的注解说：马援将煎当羌"迁置天水、陇西、扶风"。⑩又《光武帝纪》载："因陇西太守马援击破先零羌，徙致天水、陇西、扶风。"⑪

当阗羌。《西羌传》载："迷唐及其种人向塞号哭"，与"当阗等相结，以子女及金银娉纳诸种，解仇交质，将五千人寇陇西塞，太守

---

① 范晔 . 后汉书 [M]. 北京：中华书局，1965：2892.

② 范晔 . 后汉书 [M]. 北京：中华书局，1965：2887.

③ 范晔 . 后汉书 [M]. 北京：中华书局，1965：2889.

④ 司马光 .《资治通鉴》卷五四，《汉纪四十六·孝桓皇帝上之下》，延熹二年己亥十二月己巳，北京：中华书局，2011 年。

⑤ 范晔 . 后汉书 [M]. 北京：中华书局，1965：313.

⑥ 范晔 . 后汉书 [M]. 北京：中华书局，1965：315.

⑦ 范晔 . 后汉书 [M]. 北京：中华书局，1965：318.

⑧ 范晔 . 后汉书 [M]. 北京：中华书局，1965：2151.

⑨ 范晔 . 后汉书 [M]. 北京：中华书局，1965：2901.

⑩ 宋绍兴本《后汉书》卷六五，《段颍》，台北：台湾中央研究院·历史语言研究所，汉籍电子文献资料库。

⑪ 范晔 . 后汉书 [M]. 北京：中华书局，1965：58.

寇盱与战于白石。"①"春，（任）尚遣当阗种羌榆鬼等五人刺杀杜季贡，封榆鬼为破羌侯。"②

烧何羌。烧何羌遭到卢水胡的军事逼迫，部分族人散落至金城郡临羌县，③也有部分族人散落于安定郡、北地郡，故而《后汉书》中有"安定降羌烧何种"的说法。④

钟羌。《安帝纪》载："车骑大将军邓骘为钟羌所败于冀西。"⑤《顺帝纪》载："陇西钟羌叛，护羌校尉马贤讨破之。"⑥"钟羌良封等复寇陇西、汉阳，诏拜前校尉马贤为谒者，镇抚诸种。"⑦"复进击钟羌且昌，且昌等率诸种十余万诣凉州刺史降。"⑧有学者认为：钟羌的活动范围"初居大、小榆谷的南面，北与烧当羌为邻"。⑨《西羌传》：永初三年（公元 109 年）"钟羌又没临洮县。"⑩又《西羌传》称：马贤七千余将士与钟羌"战于临洮，斩首千余级，皆率种人降。"⑪另，《续汉书》云："钟羌九千余户，在陇西临洮谷。"⑫

滇零羌。有学者认为："唐时，柴达木盆地之南有白兰羌，吐蕃称

① 范晔 . 后汉书 [M]. 北京：中华书局，1965：2882.
② 范晔 . 后汉书 [M]. 北京：中华书局，1965：2891.
③ 范晔 . 后汉书 [M]. 北京：中华书局，1965：2880.
④ 范晔 . 后汉书 [M]. 北京：中华书局，1965：2885.
⑤ 范晔 . 后汉书 [M]. 北京：中华书局，1965：209.
⑥ 范晔 . 后汉书 [M]. 北京：中华书局，1965：252.
⑦ 范晔 . 后汉书 [M]. 北京：中华书局，1965：2894.
⑧ 范晔 . 后汉书 [M]. 北京：中华书局，1965：2894.
⑨ 马长寿 . 氐与羌 [M]. 上海：上海人民出版社，1984：109.
⑩ 范晔 . 后汉书 [M]. 北京：中华书局，1965：2887.
⑪ 范晔 . 后汉书 [M]. 北京：中华书局，1965：2893.
⑫ 范晔 . 后汉书 [M]. 北京：中华书局，1965：209.

之为'丁零'，当与滇零同音。"①"滇零遣人寇褒中。"②滇零还是羌人部落的酋长，"滇零羌"是以首领名字而命名的羌人部落，《西羌传》曰："滇零死，子零昌代立。"③

牢羌。《西羌传》载：永初七年（公元113年）"夏，骑都尉马贤与侯霸掩击零昌别部牢羌于安定。"④

虔人羌。"虔人羌率众降，陇右平。"⑤《西羌传》载："西河虔人种羌万一千口诣邓遵降。"⑥"虔人羌叛，攻谷罗城，度辽将军耿夔讨破之。"⑦

沈氐羌。东汉时，沈氐羌的居地十分明确，他们主要居住在上郡，否则《后汉书》也不会有"上郡沈氐""上郡沈氐种羌"的说法。安帝、桓帝时期，沈氐羌时常骚扰河西四郡，诚如《张奂传》载：公元166年（延熹九年），"上郡沈氐、安定先零诸种共寇武威、张掖，缘边大被其毒"⑧。

巩唐羌。永和六年（公元141年），"闰月，巩唐羌寇陇西，遂及三辅"。"三月，武威太守赵冲讨巩唐羌，破之。"⑨《西羌传》也有类似的记载："巩唐种三千余骑寇陇西，又烧园陵，掠关中，杀伤长

① 马长寿 . 氐与羌 [M]. 上海：上海人民出版社，1984：109 .
② 范晔 . 后汉书 [M]. 北京：中华书局，1965：2887.
③ 范晔 . 后汉书 [M]. 北京：中华书局，1965：2888.
④ 范晔 . 后汉书 [M]. 北京：中华书局，1965：2888.
⑤ 范晔 . 后汉书 [M]. 北京：中华书局，1965：227.
⑥ 范晔 . 后汉书 [M]. 北京：中华书局，1965：2891.
⑦ 范晔 . 后汉书 [M]. 北京：中华书局，1965：236.
⑧ 范晔 . 后汉书 [M]. 北京：中华书局，1965：2139.
⑨ 范晔 . 后汉书 [M]. 北京：中华书局，1965：270.

吏，邰阳令任頵追击，战死。""武威太守赵冲追击巩唐羌，斩首四百余级，得马牛羊驴万八千余头，羌二千余人降。"①

累姐羌。《西羌传》载："永元十四年（公元 102 年），累姐羌归附汉朝，其酋首却遭到迷唐的仇视，被迷唐所杀。"②

吾良羌。建初元年（公元 76 年）"吾良、勒姐、卑湳等羌种寇安夷城，后又与金城汉军战于罗谷。"③

全无羌。永初五年（公元 111 年），"邓遵募上郡全无种羌雕何等刺杀狼莫，赐雕何为羌侯，封遵武阳侯，三千户。"④

且冻羌。且冻羌"反叛，攻金城。"⑤"春正月丙子，征西将军马贤与且冻羌战于射姑山，贤军败没，安定太守郭璜下狱死。"⑥

傅难羌。《西羌传》称："且冻、傅难种羌等遂反叛，攻金城，与西塞及湟中杂种羌胡大寇三辅，杀害长吏。"⑦

鸟吾羌《桓帝纪》称："鸟吾羌寇汉阳、陇西、金城，诸郡兵讨破之。"⑧

句就羌。中平元年（公元 184 年），"时叛羌围护羌校尉夏育于畜官，（盖）勋与州郡合兵救育，至狐槃，为羌所破……句就种羌滇

① 范晔.后汉书[M].北京：中华书局，1965：2896.
② 范晔.后汉书[M].北京：中华书局，1965：2884.
③ 范晔.后汉书[M].北京：中华书局，1965：2881.
④ 范晔.后汉书[M].北京：中华书局，1965：2891.
⑤ 范晔.后汉书[M].北京：中华书局，1965：2895.
⑥ 范晔.后汉书[M].北京：中华书局，1965：270.
⑦ 范晔.后汉书[M].北京：中华书局，1965：2895.
⑧ 范晔.后汉书[M].北京：中华书局，1965：310.

吾素为勋所厚，乃以兵众曰：'盖长史贤人，汝曹杀之者为负天。'"①又《读史方舆纪要》卷五十九《陕西八》"狐槃"条曰："汉灵帝光和末②，汉阳长史盖勋以叛羌围夏育于畜官，驰救至狐槃，为羌所败。又秦苻生葬姚弋仲于此。"东汉改天水郡置汉阳郡。句就种羌受汉阳长史盖勋厚待，应在汉阳境内。

婼羌。"出阳关，自近者始，曰婼羌。婼羌国王号去胡来王。"③有学者认为婼羌是两汉时期阿尔金山、昆仑山、喀喇昆仑山和帕米尔高原一带众多羌人部落的总称。④有学者认为婼羌的命名与其祖先中有以婼为名者有关。⑤有学者认为婼羌可能是羌人与允姓之戎混血，允姓之戎都姓，与婼同音，"婼羌"之名大体与之相关。⑥有学者认为婼羌的"婼"为种姓，音与"狼何"连读相近，字头的辅音可相互转换。⑦《汉书·西域传上》称："蒲犁及依耐、无雷国皆西夜类也。西夜与胡异，其种类羌氏行国，随畜逐水草往来。"有学者考证西夜国应属塞种，这里的"类羌氏"大概是指其族人与羌人混血之故。⑧有学者认为西夜（子合），包括蒲犁、依耐以及无雷等国，其原土著居民应为羌氏的游牧部落。⑨西夜国有羌人的血统，而与之同俗的蒲犁、

① 范晔.后汉书[M].北京：中华书局，1965：1880.
② 范晔.后汉书[M].北京：中华书局，1965：2821.
③ 班固.汉书[M].北京：中华书局，1962：3875.
④ 江应梁.中国民族史[M].北京：民族出版社，1990：224.
⑤ 周连宽：《汉婼羌国考》，第81—90页.
⑥ 余太山.两汉魏晋南北朝正史西域传研究[M].北京：中华书局，2003：112.
⑦ 初世宾：《悬泉汉简羌人资料补述》，第177页.
⑧ 余太山.两汉魏晋南北朝正史西域传要注[M].北京：中华书局，2005：100.
⑨ 王文利，周伟洲.西夜、子合国考[J].民族研究，2006（6）：62—66.

依耐、无雷都应受到羌人的影响。《汉龟兹左将军刘平国作亭颂》石刻云："龟兹左将军刘平国，以七月二十六日发家，从秦人温伯山、狄虎贲、赵当卑、夏羌、石当卑、程阿羌等六人共列亭。"

第三节　从出土简牍所见汉代羌人的族群

简1　敦煌太守快使守属充国送牢羌、□□羌侯人十二。神爵二年十一月癸卯朔……琅何羌□□强藏□□□行在所，以令为驾二乘传，十一月辛未皆罢。　当舍传舍，从者如律令。(《敦煌悬泉汉简释粹》二三四，Ⅰ 0210③:6)①

关于牢羌，据《后汉书·西羌传》记载，"骑都尉马贤与侯霸掩击零昌别部牢羌于安定，首虏千人，得驴骡骆驼马牛羊二万余头，以畀得者。"②

关于狼何羌，《汉书·赵充国传》记载："元康三年，先零遂与诸羌种豪二百余人解仇交质盟诅……后月余，羌侯狼何果遣使至匈奴借兵，欲击鄯善、敦煌以绝汉道。到秋马肥，变必起矣。宜遣使者行边兵豫为备，敕视诸羌，毋令解仇，以发觉其谋。"③

---

① 张德芳、胡平生.敦煌悬泉汉简释粹[M].上海：上海古籍出版社，2001：162.前号为该书著录顺序号，后号为出土号，下同。

② 范晔.后汉书[M].北京：中华书局，1965：2888.

③ 班固.汉书[M].北京：中华书局，1962：2973.

简 2 出粟一斗八升，以食守属萧嘉送西罕侯封调，积六食，食三升。(《敦煌悬泉汉简释粹》二五七，Ⅱ 0111 ① :174)①

《西羌传》中羌人名字中有"封"的有先零羌封何、羌封僇、封养种、钟羌良封、效功种号封等。

"罕种羌千余寇北地，北地太守贾福与赵冲击之，不利。秋，诸种八九千骑寇武威，凉部震恐。……汉安元年，以赵冲为护羌校尉。冲招怀叛羌，罕种乃率邑落五千余户诣冲降。于是罢张乔军屯"。②

简 3 □小月氏、卬羌人。(《居延汉简》387·1)

关于此简中"羌"字前一字的释文，由于简文残断，各家所释不同，《居延汉简甲乙编》作"仰"，③《居延汉简释文合校》作"柳"。④关于卬羌，《后汉书·西羌传》记载："秦献公时，忍季父卬畏秦之威，将其种人附落而南，出赐支河曲西数千里，与众羌绝远，不复交通。其后子孙分别各自为种，任随所之。或为牦牛种，越巂羌是也；或为白马种，广汉羌是也；或为参狼种，武都羌是也。"《汉书·西域传》记载："本居敦煌、祁连间，至冒顿单于攻破月氏，而老上单于杀月氏，以其头为饮器，月氏乃远去，过大宛，西击大夏而臣之，都妫水北为王庭。其余小众不能去者，保南山羌，号小月氏。"《后汉书·西羌传》也说："湟中月氏胡，其先大月氏之别也，旧在张掖、酒泉地。

---

① 张德芳、胡平生.敦煌悬泉汉简释粹 [M].上海：上海古籍出版社，2001：162.
  前号为该书著录顺序号，后号为出土号，下同。
② 范晔.后汉书 [M].北京：中华书局，1965：2896.
③ 中国社会科学院考古研究所.居延汉简甲乙编 [M].北京：中华书局，1980：233.
④ 谢桂华，李均明，朱国炤.居延汉简释文合校 [M].北京：文物出版社1987：173.

月氏王为匈奴冒顿所杀，余种分散，西逾葱岭。其嬴弱者南入山阻，依诸羌居止，遂与共婚姻。及骠骑将军霍去病破匈奴，取西河地，开湟中，于是月氏来降，与汉人错居。虽依附县官，而首施两端。其从汉兵战斗，随势强弱。被服饮食言语略与羌同，亦以父名母姓为种。其大种有七，胜兵合九千余人，分在湟中及令居。又数百户在张掖，号曰义从胡。中平元年，与北宫伯玉等反，杀护羌校尉泠征、金城太守陈懿，遂寇乱陇右焉。"①

在简牍文献中还有一些史籍未载的羌族族群，有助于认识汉代河西羌族的族群状况。

简4～13

归义垒渠归种羌男子奴葛　。（II0114②:180）

归义聊良种羌男子芒东　。（II0114②:181）

归义垒甫种羌男子潘朐。（II0114③:423）

归义垒卜茈种羌男子狼颠　。（II0114③:459）

归义聊藏耶茈种羌男子东怜（II90DXT0214①:1）

归义聊卑为茈种羌男子唐尧（II90DXT0214①:2）

归义聊卑为茈种羌男子瓯当（II90DXT0214①:3）

归义垒卜茈种羌男子封芒（II90DXT0214①:4）

归义楂良种羌男子落瓯（II90DXT0214①:5）

■右楂良种五人（IIT0214①:6）

简14　渊泉归义垒羌龙耶种男子干芒自言：今年九月中囗（《敦煌悬泉汉简释粹》二四二，IIT0214②:195）

---

① 范晔.后汉书[M].北京：中华书局，1965:2899.

简 15　归义聊羌王使者男子　初元五年七月馀输皆奉献诣　仁行长史事乘传当舍传舍（Ⅴ 92DXT1210④:3）①

简 4～13 是一份完整的归义羌人名籍简册。此名籍册说明，汉朝政府对归附的羌人实行了严格管理，羌人男子都要登记造册。这样做是为了对羌人征发徭役，为政府提供劳动力和兵员。羌人归附汉朝以后，汉廷仍以王、侯领其部众，为汉朝保塞蛮夷，或从军随征，或为汉守边。

据张德芳言，同层所出的纪年简主要是成帝河平以后的，该简册应为西汉晚期遗物，是宣帝、元帝两朝羌人反叛起义被朝廷镇压安抚之后的文书。《敦煌悬泉汉简释粹》认为，从所记内容、简文书法风格及简札形式看，可能是一个简册，只是全文尚有缺简，并非仅此十简。②

值得注意的是，简册中登记的都是男子，或许因为羌人社会以男丁为家庭庐落和种姓社会之中心，一成年男子即一户的缘故。对归降种羌男子登记造册，就是掌握和控制其种人口，简册证明汉代敦煌郡对境内的归义羌人已实施有效的管理。根据敦煌悬泉汉简有关羌人活动的记载，居于河西走廊的羌人数量不小。③

另外，我国还出土了汉归义羌侯印，此印土于甘肃定西通渭县的鹿轳川，于民国十五年（1926 年）当地民众掘土的时候被发现，印上刻有"汉归义羌侯印"六字。④1953 年，在新疆塔里木盆地北沿沙

---

① 张德芳．悬泉汉简羌族资料 [M]//.郝树声，张德芳．悬泉汉简研究．兰州：甘肃文化出版社，2009：171.

② 张德芳、胡平生．敦煌悬泉汉简释粹 [M].上海：上海古籍出版社，2001：166.

③ 杨芳．汉简所见汉代河西边郡人口来源考 [J].敦煌研究，2010（3）：78—85.

④ 张维．陇右金石录 [M].甘肃省文献征集委员会，民国三十二年：2.

雅县的于什格提遗址出土了一枚汉归义羌长印。① 关于"归义"一词，《史记》载"远方当来归义"②，归义的对象是少数民族，也就是内迁的各少数民族来归隶属于汉朝，而后汉赐以金印、紫绶、钱帛给少数民族，在汉王朝对少数民族的管理中，册封周边民族的体系为"王侯（邑）君长"，"归义羌侯"、"归义羌长"是此体系中的重要环节。③

神爵二年（公元前 60 年）秋平定西羌叛乱后，汉王朝乃"封若零、弟泽二人为帅众王，离留、且种二人为侯，儿库为君，阳雕为言兵侯，良儿为君，靡忘为献牛君"④。敦煌悬泉汉简中有"归义聊羌王""羌王唐调""西罕侯封调""羌王索卢"等，足见西汉"捬循和辑"的对羌民族政策，在河西归义羌人中也得以贯彻执行。⑤

简 16 移护羌使者移刘危种南归责藏耶芘种零虞马一匹、黄金耳县青碧上，会月十五日，已言决。（《敦煌悬泉汉简释粹》二二八，II0112①:B:63）

简 16 是护羌使者要求解决羌人之间财产争议的一件文书，参简 1 至 7、参简 9 的聊藏耶芘种羌、聊卑为芘种羌、聊樆良种羌、垒卜芘种羌、垒渠归种羌、垒甬种羌、垒龙耶种羌、刘危种，它们可补文献记载之不足。更重要的是，它们印证了《后汉书·西羌传》所说的羌族种落析分的特点。⑥

---

① 新疆维吾尔自治区博物馆.北京：新疆历史文物 [M].文物出版社，1977：36.
② 司马迁.史记 [M].北京：中华书局，1959：3207.
③ 王靓.出土文献所见两汉陇西郡研究 [D].兰州：西北师范大学，2021.
④ 班固.汉书 [M].北京：中华书局，1962：2992.
⑤ 高荣.敦煌悬泉汉简所见河西的羌人 [J].社会科学战线，2010（10）：100—106.
⑥ 汪桂海.从出土资料谈汉代羌族史的两个问题 [J].西域研究，2010（2）：1—7+122.

简 17　唐调羌（Ⅱ 90DXT1005 ①：2）16①

简 18　羌女白：取别之后，便尔西迈，相见无缘，书问疏简，每念兹叔，不舍心怀，情用劳结。仓卒复致消息，不能别有书裁，因数字值信复表。马羌。②

这是一份书信，书信最后的马羌应是羌人部落名称。顾颉刚先生认为"当是白马羌之一族"。③

_____

① 张德芳.《悬泉汉简羌族资料辑考 [J].引自简帛研究 2001，桂林：广西师范大学出版社 ，2001：368.

② 罗振玉，流沙坠简 [M].卷 3，北京：朝华出版社，2017：27.

③ 顾颉刚.史林杂识初编 [M]."九、天山南路之羌"条，北京：中华书局，1963：73.

第二章　汉代羌族的内迁

第一节　西汉羌族的内迁

汉景帝时期，"于是徙留何等于狄道、安故，至临洮、氐道、羌道县"。① 元鼎五年（公元前 112 年），先零羌、封养、牢姐等西羌部众"十万人反，与匈奴通使，共故安（应为安故），围枹罕"。② 元鼎六年（公元前 111 年）冬月，汉武帝"发陇西、天水、安定骑士及中尉、河南、河内卒十万人，遣将军李息、郎中令徐自为征西羌，平之"。③ 正如《韦贤传》所言：武帝"西伐大宛，并三十六国，结乌孙，起敦煌、酒泉、张掖，以隔婼羌，裂匈奴之右肩"。④《西羌传》亦称：武帝"初开河西，列置四郡，通道玉门，隔绝羌胡，使南北不得交关。"⑤《西羌传》记载："羌乃去湟中，依西海、盐池左右"。⑥

汉宣帝时期，先零羌又从今青海湖一带迁回河湟地区，赵充国曰："西羌反时，亦先解仇合约攻令居，……先零豪封煎等通使匈奴，匈奴使人至小月氏，传告诸羌曰：'汉贰师将军众十余万人降匈奴。羌人为汉事苦。张掖、酒泉本我地，地肥美，可共击居之。'以此观

---

① 范晔. 后汉书 [M]. 北京：中华书局，1965：2876.
② 班固. 汉书 [M]. 北京：中华书局，1962：188.
③ 班固. 汉书 [M]. 北京：中华书局，1962：188.
④ 班固. 汉书 [M]. 北京：中华书局，1962：3126.
⑤ 范晔. 后汉书 [M]. 北京：中华书局，1965：2876.
⑥ 范晔. 后汉书 [M]. 北京：中华书局，1965：2877.

匈奴欲与羌合，非一世也。……疑匈奴更遣使至羌中，道从沙阴地，出盐泽，过长坑，入穷水塞，南抵属国，与先零相直。……羌侯狼何果遣使至匈奴借兵，欲击鄯善、敦煌以绝汉道。……狼何，小月氏种，在阳关西南，势不能独造此计，疑匈奴使已至羌中，先零、罕、开乃解仇作约。"①元康三年（公元前 63 年），"先零乃与诸羌大共盟誓，将欲寇边。"②西汉王朝"发三辅、中都官徒弛刑，及应募佽飞射士、羽林孤儿，胡、越骑，三河、颍川、沛郡、淮阳、汝南材官，金城、陇西、天水、安定、北地、上郡骑士、羌骑，诣金城"③。神爵二年（公元前 60 年），"赵充国与诸将将兵六万人击破平之。"④"匈奴日逐王先贤掸将人众万余来降"⑤。

《元帝纪》载：永光二年（公元前 42 年）"秋七月，西羌反，遣右将军冯奉世击之。""三年（公元前 41 年）春，西羌平。"⑥但是，至王莽新朝之时，西羌诸种据西海为寇，"遂入居塞内，金城属县多为虏有"⑦。

西汉时期，伴随着经济的发展和中央集权政权的巩固，汉民族与其他民族之间的交往交流趋于频繁。在多种因素作用下许多羌族内迁，而与此同时大批内地汉人也通过屯垦、移民等形式进入或长期居住在羌族地区，民族间交往交流交融的局面形成。

---

① 班固.汉书 [M].北京：中华书局，1962：2173.
② 范晔.后汉书 [M].北京：中华书局，1965：2877.
③ 班固.汉书 [M].北京：中华书局，1962：262.
④ 范晔.后汉书 [M].北京：中华书局，1965：2877.
⑤ 班固.汉书 [M].北京：中华书局，1962：262.
⑥ 班固.汉书 [M].北京：中华书局，1962：290.
⑦ 范晔.后汉书 [M].北京：中华书局，1965：835.

第二节　东汉羌族的内迁

建武九年（公元 33 年），班彪向光武帝上书，建议在凉州设护羌校尉，"今凉州部皆有降羌，羌胡被发左衽，而与汉人杂处，习俗既异，言语不通。"①

建武十年（公元 34 年），"先零羌寇金城、陇西，来歙率诸将击羌于五谿，大破之"②，"斩首虏数千人，获牛羊万余头，谷数十万斛"③。

建武十一年（公元 35 年），马援"击破先零羌于临洮"④，"后悉归服，徙置天水、陇西、扶风三郡"⑤。

建武十三年（公元 37 年），"武都参狼羌与塞外诸种为寇，杀长吏。（马）援将四千余人击之，至氐道县，羌在山上，（马）援军据便地，夺其水草，不与战，羌遂穷困，豪帅数十万户亡出塞，诸种万余人悉降。"⑥《西羌传》则称：建武十二年（公元 36 年），"武都参狼羌反，（马）援又破降之。"⑦

---

①　范晔．后汉书 [M]．北京：中华书局，1965：2878.

②　范晔．后汉书 [M]．北京：中华书局，1965：56.

③　范晔．后汉书 [M]．北京：中华书局，1965：588.

④　范晔．后汉书 [M]．北京：中华书局，1965：835.

⑤　范晔．后汉书 [M]．北京：中华书局，1965：2878.

⑥　范晔．后汉书 [M]．北京：中华书局，1965：836.

⑦　范晔．后汉书 [M]．北京：中华书局，1965：2879.

中元元年（公元 56 年），"武都参狼羌反，杀略吏人"，陇西太守刘盱"将五千人赴武都，与羌战，斩其酋豪，首虏千余人。时武都兵亦更破之，斩首千余级，余悉降。"①

中元二年（公元 57 年），烧何羌酋首"比铜钳乃将其众来依郡县。"②

永平元年（公元 58 年），"西羌寇陇右"③，"遣中郎将窦固、捕虏将军马武等击滇吾于西邯，大破之。……滇吾远引去，余悉散降，徙七千口置三辅"④。

永平二年（公元 59 年），"滇吾复降"，"滇吾子东吾立，以父降汉，乃入居塞内，谨愿自守。"⑤

建初二年（公元 77 年），"迷吾又与封养种豪布桥等五万余人共寇陇西、汉阳，于是遣行车骑将军马防，长水校尉耿恭副，讨破之。于是临洮、索西、迷吾等悉降。"⑥

章和元年（公元 87 年），迷吾"复与诸种步骑七千人入金城塞。张纡遣从事司马防将千余骑及金城兵会战于木乘谷，迷吾兵败走，因译使欲降，纡纳之。遂将种人诣临羌县。"⑦

永元元年（公元 89 年），"号吾将其种人降。"⑧

---

① 范晔 . 后汉书 [M]. 北京：中华书局，1965：2879.
② 范晔 . 后汉书 [M]. 北京：中华书局，1965：2880.
③ 范晔 . 后汉书 [M]. 北京：中华书局，1965：786.
④ 范晔 . 后汉书 [M]. 北京：中华书局，1965：2880.
⑤ 范晔 . 后汉书 [M]. 北京：中华书局，1965：2881.
⑥ 范晔 . 后汉书 [M]. 北京：中华书局，1965：2881.
⑦ 范晔 . 后汉书 [M]. 北京：中华书局，1965：2882.
⑧ 范晔 . 后汉书 [M]. 北京：中华书局，1965：2883.

永元五年（公元 93 年），护羌校尉贯友"遣兵出塞，攻迷唐于大、小榆谷，获首虏八百余人。"①

永元九年（公元 97 年）秋，"迷唐率八千人寇陇西，杀数百人，乘胜深入，胁塞内诸种羌共为寇盗，众羌复悉与相应，合步骑三万人，击破陇西兵，杀大夏长。""遣行征西将军刘尚……讨之"，"迷唐惧，弃老弱奔入临洮南。"②

永元十年（公元 98 年），耿谭领兵屯于白石。"谭乃设购赏，诸种颇来内附。迷唐恐，乃请降。……遣迷唐诣阙。其余种人不满二千，饥窘不立，入居金城。""十二年（公元 100 年），遂复背叛，乃胁将湟中诸胡，寇钞而去。"③

永元十三年（公元 101 年），周鲔、侯霸率兵"三万人，出塞至允川，与迷唐战。……羌众折伤，种人瓦解，降者六千余口，分徙汉阳、安定、陇西。迷唐遂弱，其种众不满千人，远逾赐支河首，依发羌居。"④

永元十四年（公元 102 年），"安定降羌烧何种胁诸羌数百人反叛，郡兵击灭之，悉没入弱口为奴婢。"⑤汉安帝永初年间，"迷唐失众，病死。有一子来降，户不满数十。"⑥

---

① 范晔．后汉书 [M].北京：中华书局，1965：2883.
② 范晔．后汉书 [M].北京：中华书局，1965：2883—2884.
③ 范晔．后汉书 [M].北京：中华书局，1965：2884.
④ 范晔．后汉书 [M].北京：中华书局，1965：2884.
⑤ 范晔．后汉书 [M].北京：中华书局，1965：2885.
⑥ 范晔．后汉书 [M].北京：中华书局，1965：2885.

永初元年（公元 107 年），"蜀郡徼外羌龙桥等六种万七千二百八十口内属。"①

永初二年（公元 108 年），"蜀郡徼外羌薄申等八种三万六千九百口复举土内属。"②

永初二年（公元 108 年）冬，"广汉塞外参狼羌二千四百口复来内属。"③

永初三年（公元 10 年），"当煎、勒姐种攻没破羌县，钟羌又没临洮县，生得陇西南部都尉。"④

永初四年（公元 110 年），"凉州羌反，溢入汉中。"⑤"滇零遣人寇褒中"⑥。

永初五年（公元 111 年），"羌遂入寇河东，至河内，百姓相惊，多奔南度河。"⑦

永初七年（公元 113 年）夏，"骑都尉马贤与侯霸掩击零昌别部牢羌于安定，首虏千人。"⑧

元初元年（公元 114 年），"零昌遣兵寇雍城，又号多与当煎、勒姐大豪共胁诸种，分兵钞掠武都、汉中。""侯霸、马贤将湟中吏人

---

① 范晔 . 后汉书 [M]. 北京：中华书局，1965：2898.
② 范晔 . 后汉书 [M]. 北京：中华书局，1965：2899.
③ 范晔 . 后汉书 [M]. 北京：中华书局，1965：2899.
④ 范晔 . 后汉书 [M]. 北京：中华书局，1965：2887.
⑤ 常璩：《华阳国志》卷一〇，下，《先贤士女总赞下》，济南：齐鲁书社，2000。
⑥ 范晔 . 后汉书 [M]. 北京：中华书局，1965：2887.
⑦ 范晔 . 后汉书 [M]. 北京：中华书局，1965：2887.
⑧ 范晔 . 后汉书 [M]. 北京：中华书局，1965：2888.

及降羌胡于枹罕击之，斩首二百余级。""二年（公元 115 年）春，号多等率众七千余人诣（庞）参降，遣诣阙，赐号多侯印绶遣之。"①

元初四年（公元 117 年），"西河虔人种羌万一千口诣邓遵降。"②

永宁元年（公元 120 年），"上郡沈氏种羌五千余人复寇张掖。"马贤率军"破之"，"斩首千八百级，获生口千余人"，"余虏悉降。"③

延光元年（公元 122 年），烧当羌酋麻奴败于马贤部，后因"麻奴等孤弱饥困，将种众三千余户诣汉阳太守耿种降。"④

永建元年（公元 12 年），"陇西钟羌反，校尉马贤将七千余人击之，战于临洮"，"皆率种人降"。⑤

阳嘉三年（公元 134 年），"钟羌良封等复寇陇西、汉阳，诏拜前校尉马贤为谒者，镇抚诸种"。马贤"击杀良封，斩首千八百级，获马牛羊五万余头，良封亲属并诣贤降"。⑥

阳嘉四年（公元 135 年），马贤"进击钟羌且昌，且昌等率诸种十余万诣凉州刺史降。"⑦

汉安元年（公元 142 年），护羌校尉"冲招怀叛羌，罕种乃率邑落五千余户诣冲降"⑧。烧何羌诸种仍占据参一带。

建和二年（公元 148 年），"白马羌寇广汉属国，杀长吏。是时

---

① 范晔.后汉书 [M].北京：中华书局，1965：2889.
② 范晔.后汉书 [M].北京：中华书局，1965：2891.
③ 范晔.后汉书 [M].北京：中华书局，1965：2892.
④ 范晔.后汉书 [M].北京：中华书局，1965：2892.
⑤ 范晔.后汉书 [M].北京：中华书局，1965：2893.
⑥ 范晔.后汉书 [M].北京：中华书局，1965：2894.
⑦ 范晔.后汉书 [M].北京：中华书局，1965：2894.
⑧ 范晔.后汉书 [M].北京：中华书局，1965：2896.

西羌及湟中胡复畔为寇，益州刺史率板楯蛮讨破之，斩首招降二十万人。"①

延熹二年（公元159年），"烧当、烧何、当煎、勒姐等八种羌寇陇西、金城塞"，护羌校尉段颎率兵"大破之，斩其酋豪以下二千级，获生口万余人，虏皆奔走"。②

延熹三年（公元160年），"余羌复与烧何大豪寇张掖，攻没钜鹿坞，杀属国吏民，又招同种千余落，并兵晨奔（段）颎军。（段）颎下马大战，至日中，刀折矢尽，虏亦引退。颎追之，……斩烧何大帅，首虏五千余人。……烧当种九十余口诣颎降。又杂种羌屯聚白石，颎复进击，首虏三千余人。冬，勒姐、零吾种围允街，杀略吏民，颎排营救之，斩获数百人。"③

延熹四年（公元161年），"滇那等诸种羌五六千人寇武威、张掖、酒泉，烧人庐舍"④，"寇患转盛，中郎将皇甫规击破之。"⑤

延熹五年（公元162年），"沈氏诸种复寇张掖、酒泉"⑥，皇甫规到凉州，"条奏其罪，或免或诛。羌人闻之，翕然反善。沈氏大豪滇昌、饥恬等十余万口，复诣规降。"⑦"鸟吾种复寇汉阳，陇西、金城诸郡兵共击破之，各还降附。至冬，滇那等五六千人复攻武威、张掖、酒泉，烧民庐舍。"⑧

① 范晔. 后汉书 [M]. 北京：中华书局，1965：2897.
② 范晔. 后汉书 [M]. 北京：中华书局，1965：2146.
③ 范晔. 后汉书 [M]. 北京：中华书局，1965：2146.
④ 范晔. 后汉书 [M]. 北京：中华书局，1965：2147.
⑤ 范晔. 后汉书 [M]. 北京：中华书局，1965：2897.
⑥ 范晔. 后汉书 [M]. 北京：中华书局，1965：2898.
⑦ 范晔. 后汉书 [M]. 北京：中华书局，1965：2133.
⑧ 范晔. 后汉书 [M]. 北京：中华书局，1965：2898.

延熹六年（公元 163 年），"陇西太守孙羌击破之，斩首溺死三千余人。"①

延熹七年（公元 164 年），"羌封僇、良多、滇那等酋豪三百五十五人率三千落诣（段）颍降。当煎、勒姐种犹自屯结。冬，颍将万余人击破之，斩其酋豪，首虏四千余人。"②

延熹八年（公元 165 年）春，段颍"复击勒姐种，斩首四百余级，降者二千余人。夏，进军击当煎种于湟中，颍兵败，被围三日，用隐士樊志张策，潜师夜出，鸣鼓还战，大破之，首虏数千人。"③

永康元年（公元 167 年），当煎诸羌四千余人"寇武威，破羌将军段颍"，"追击于鸾鸟"，"复破灭之，余悉降散。"④同年，"东羌、先零五六千骑寇关中，围祋祤，掠云阳。……冬，羌岸尾、摩蟹等胁同种复钞三辅。（张）奂遣司马尹端、董卓并击，大破之，斩其酋豪，首虏万余人，三州清定。"⑤

建宁二年（公元 168 年），段颍"纵兵击破之，羌复败散。……冯禅等所招降四千人，分置安定、汉阳、陇西三郡，于是东羌悉平。"⑥

羌族内迁，使羌族的生产方式从游牧经济转向农耕经济，在与汉人交往交流过程中，与汉文化交往交流交融，汉文化不断把羌文化吸

---

① 范晔. 后汉书 [M]. 北京：中华书局，1965：2898.
② 范晔. 后汉书 [M]. 北京：中华书局，1965：2147.
③ 范晔. 后汉书 [M]. 北京：中华书局，1965：2147.
④ 范晔. 后汉书 [M]. 北京：中华书局，1965：2898.
⑤ 范晔. 后汉书 [M]. 北京：中华书局，1965：2140.
⑥ 范晔. 后汉书 [M]. 北京：中华书局，1965：2153.

收成为自己文化的一部分。内迁的羌族，随着与汉民族经济交往交流和文化交流交融的增多，加速了与汉民族交融。民族的交融可以说就是文化的交融，是不同民族之间对彼此民族的文化认同，不同民族文化相互影响、吸收、结合的过程。随着羌族内迁，民族之间交往交流交融，汉人与羌族之间在政治、经济、文化方面的交往频繁，以及相互通婚，血缘交融。内迁后羌族与原住地的汉人之间的交融同所有的民族交融一样，都伴随着冲突、斗争，到逐渐接受、认同的过程。

第三节　汉代羌族内迁的影响

羌人入塞之初，与汉人"习俗既异，言语不通"①，"羌胡披发左衽，而与汉人杂处"②，可见他们与汉人居住邻近，杂居相当普遍"或住惚于豪右之手，或屈折于奴仆之勤"③，则为他们与汉人杂处共居和交往交流交融提供了更大的可能，走向了民族交融的道路。在此过程中，迁往内地的羌人逐渐融入汉人的海洋中，进入中原的羌族，随着生产方式的农耕化，建立在农业文明基础上的汉族文化无疑更适合他们的需要。东汉安帝永初年间不仅出现了羌族政权使用汉文的现象，"得僧号文书及所没诸将印缓"④，而且出现了联合反抗东汉王朝的现

---

① 范晔.后汉书[M].北京：中华书局，1965：2876.
② 范晔.后汉书[M].北京：中华书局，1965：2876.
③ 范晔.后汉书[M].北京：中华书局，1965：2899.
④ 范晔.后汉书[M].北京：中华书局，1965：2888.

象，"以杜季贡为将军，别居定奚城"①。建康元年，众羌又拥立护羌校尉从事马玄为首领，将众羌叛逃出塞②，说明内迁羌族已与汉族交融成为一体。

《后汉书·西羌传》云"王莽末，四夷内侵，及莽败，众羌遂还居西海为寇。更始、赤眉之际，羌遂放纵，寇金城、陇西。"③此时羌族乘中原内乱，纷纷入居凉州。建武九年（33年），班彪曾上言"今凉州部皆有降羌"④，可见两汉之际，入塞羌人，大多散居在凉州境内。而且东汉时期塞外诸羌内迁的主要地区仍在凉州。从而使凉州成为入塞羌人最集中的地区。凉州境内居民的羌化，一时就成为民族交往交流交融的主流。此时，凉州的汉人，不但有"依诸羌居止"者，而且有"与共婚姻"者。如"马腾父平，扶风人，为天水兰干尉，失官，遂留陇西，与羌杂居。家贫无妻，遂娶羌女，生腾。"⑤"家贫无妻"，就可娶羌女为妻，反映了当时羌人社会地位的低下。董卓少时"尝游羌中，尽与诸豪帅相结。后归耕于野，而豪帅有来从者，卓与俱还，杀耕牛与相宴乐"⑥。董卓出入羌中，与豪帅饮酒宴乐，其熟悉羌人语言，甚至沾染习俗则是毫无疑问的。

河湟羌人与今天藏族的形成有着密切的关系。《后汉书·西羌传》提到爱剑的子孙"其九种在赐支河首以西"，"赐支河曲西数千里"

---

① 范晔.后汉书［M］.北京：中华书局，1965：2888.
② 范晔.后汉书［M］.北京：中华书局，1965：2897.
③ 范晔.后汉书［M］.北京：中华书局，1965：2878.
④ 范晔.后汉书［M］.北京：中华书局，1965：2878.
⑤ 范晔.后汉书［M］.北京：中华书局，1965：2335.
⑥ 范晔.后汉书［M］.北京：中华书局，1965：2335.

以及"赐支河首以西"。①传统羌族史一直认为发羌、唐牦就是向西南地区迁徙并最终在赐支河首以西定居的爰剑的子孙，并与河湟地区的羌人有着密切的渊源关系；近年来亦有学者认为位于此地区称为羌的人群，包括发羌、唐牦则是自古以来就居住在赐支河首以西的土著人群。

羌族内迁既是羌族与汉族长期人口交融的过程，更是文化交往交流的互动过程。而文化互动的过程是对自然环境和社会环境调适性的变迁过程。在这个过程中，汉族上层权力力量的扩张与下层民间文化的自然流动紧密结合，不断把羌族吸附并转化为自己的一部分，最终形成了民族间文化交融的河湟独特文化。而且，两汉时期的羌族内迁在一定程度上可以说是魏晋时期少数民族内迁的前奏，并在客观上为鲜卑的西进提供了有利的空间条件。②

《后汉书》的作者范晔在《西羌传》中论曰："若二汉御戎之方，失其本矣。何则？先零侵境，赵充国迁之内地；煎当作寇，马文渊徙之三辅。贪其暂安之势，信其驯服之情，计日用之权宜，忘经世之远略，岂夫识微者之为乎？故微子垂泣于象箸，辛有浩叹于伊川也。"③"建武中，以马援领陇西太守，讨叛羌，徙其余种于关中，居冯翊、河东空地，而与华人杂处。数岁之后，族类蕃息，既恃其肥强，且苦汉人侵之。……虽由御者之无方，将非其才，亦岂不以寇发心腹，害起肘腋，疢笃难疗，疮大迟愈之故哉！"④"汉、魏之际，

---

① 范晔.后汉书[M].北京：中华书局，1965：2876.
② 王力.西羌内迁述论[J].贵州民族研究，2004（4）：159—162.
③ 范晔.后汉书[M].北京：中华书局，1965：2901.
④ 房玄龄.晋书[M].北京：中华书局，1974：1533.

羌、胡、鲜卑杂居塞内，渐为民患，徙之出塞，万世之利也。虽不在秉国大臣之位，固且忧愤积中而不容已于切言之。即不用矣，后世且服其早识，而谓晋有人焉，此郭钦、江统所以慷慨言之，无所隐而论之详也。故传之史策，而后世诵之不衰。"①陈寅恪先生在《魏晋南北朝史讲演录》中即说："其实戎狄内迁，有政策、战争、天灾等各方面的原因，有它的历史的必然性。迁居内地的戎狄，与汉人错居，接受汉化，为日已久。②汉代羌族内迁促进了羌地文化交往交流交融，对中华民族共同体的发展提供了核心凝聚力。

①　王符，清汪继培笔．潜夫论[M].北京：中华书局，1985：814—815.
②　陈寅恪．魏晋南北朝史讲演录[M].合肥：黄山书社，1987：72.

第三章　出土简牍所反映的汉代羌族交往交流与交融

　　《敦煌悬泉汉简》中有关羌人的简有近百枚，有助于认识汉代羌族的交往交流交融状况。

　　汉代传统文献记载了很多归附汉朝的羌人所受奴役，在出土简牍中得到事实佐证。

　　简 19　☑　二，收羌大婢五人☐　☐

　　☑ 杀日系西 Ⅱ 0214 ② : 640①

　　简 20　☑　多者五十，少者廿日，羌徒☑　Ⅰ 0109S : 94

　　简 21　庚申，羌人六人作。辛丑，左尉伟功至置，啬夫至置。辛未，在，使马子都转粟十六石之泽上。庚子《敦煌悬泉汉简释粹》Ⅱ 0114 ③ : 606

　　简 22　☑　元延二年二月乙卯，鱼离置羌御离吉受悬泉置啬夫敞。

　　　　　　　　　　　　　《敦煌悬泉汉简释粹》Ⅱ 0111 ② : 21

　　简 23　.入东绿纬书一封，敦煌长上诣公车，元始五年二月甲子旦平旦受遮要奴铁柱，即时使御羌行。《敦煌悬泉汉简释粹》Ⅱ 0114 ② : 165

　　简 24　☑　☐一诣广至，

　　☑ ☐渊泉。十一月甲戌夜半，佐傅受遮要御羌大目，卯遣御王恽行。Ⅲ 0909 ④ : 30

　　简 25　☑橄一，长史夫子印，诣使者雍州牧治所。☐　一封，敦煌太守章，诣使者雍牧治所。☐ 橄一督邮印，诣渊泉。二月乙巳日食时，佐永受御羌归，即时归行。《敦煌悬泉汉简释粹》Ⅰ 0114 ① : 11

---

① 张德芳，胡平生.敦煌悬泉汉简释粹[M].上海：上海古籍出版社，2001.前号为该书著录顺序号，后号为出土号，下同。

以上数简涉及到的问题,第一,是汉人对羌人的奴役。如简19告诉我们,当时西北地区汉人中的豪强以羌人为奴婢,供自己驱使。沦为奴隶的羌人处于社会的最底层。这印证了史书所言羌人"为吏人豪右所徭役"之语。第二,前举简4~13在《敦煌悬泉汉简释粹》中定名为《归义羌人名籍》,基本准确。此名籍册说明,汉朝政府对归附的羌人实行了严格管理,羌人男子都要登记造册。这样做当然是为了对羌人征发徭役,为政府提供劳动力和兵员。①

徒为服劳役之人。简20之羌徒,正是羌人参与劳役的记载。简21羌人六人作,其身份也当是徒,从事与置相关的劳作事务。御是指驾驭车马的人,传置有御一职责,从事驾驭车马事务,羌人从事御,称之为"御羌"或"羌御",简25中的"御羌"从事传递文书的事务,是河西边塞驿置机构职责之一。②

简26　封羌人入徼盗发数移Ⅱ0215④:7

简27　☑一封长史私印,诣广校侯,趣令言羌人反状。□在广至。闰月庚子昏时受遮要御杨武行,东。□趣令言羌反状。博望侯言,羌王唐调言并发兵在澹水上。《敦煌悬泉汉简释粹》Ⅱ0216②:80

以上两简提到羌人反叛之事。大致可以认为,此二简应该属于当时最早报告羌人反叛消息的文书。关于简27,有学者认为反映的是元帝永光年间的陇西羌人反叛事件。③

---

① 汪桂海.从出土资料谈汉代羌族史的两个问题[J].西域研究,2010(2):1—7+122.

② 马智全.从出土汉简看汉代羌族族群[J].丝绸之路,2011(6):5—8.

③ 张德芳.悬泉汉简羌族资料辑考[M]//李学勤,谢桂华.引自简帛研究二〇〇一.桂林:广西师范大学出版社,2001:173.

在今内蒙古额济纳旗的居延海一带，曾发现汉朝为优抚被羌人杀死的边塞吏卒和百姓而下达的文书简，估计也与此次事件有关。简文如下。

简28　各持下吏为羌人所杀者，赐葬钱三万，其印绶吏五万，又上子一人，名尚书卒民☒奴婢二千，赐伤者各半之，皆以郡见钱给。长吏临致，以安百姓也，早取以见钱☒《居延汉简释文合校》267·19

《后汉书·西羌传》和《三国志·乌丸鲜卑东夷传》注引《魏略·西戎传》等都说到南山（今新疆南境昆仑山、阿尔金山与甘肃南界祁连山）中有羌人种落。此简与传世文献相佐证。

简29　御史中丞臣强、守侍御史少史臣忠昧死言：尚书奉御史大夫吉奉丞相相上酒泉太守武贤、敦煌太守快书，言二事，其一事，武贤前书穄麦皮芒厚，以廪当食者，小石三石少不足，丞相请郡当食廪穄麦者石加☒

（《敦煌悬泉汉简释粹》Ⅰ 0309③：221）

简30　神爵二年三月丙午朔甲戌，敦煌太守快、长史布施、丞德谓县郡库：太守行县道，传车被具多敝，坐为论，易□□□□到，遣吏迎受输敝被具，郡库相与校计，如律令。(A)掾望来、守属敞、给事令史广意、佐实昌(B)

（《敦煌悬泉汉简释粹》Ⅰ 0309③：236）

简31　□月甲申，敦煌太守快、长史布施、骑千人定舜行丞事，敢告部都尉卒人，谓县：督盗贼史邢世□□□□□副护书到，各□□□□□□泄□捕部界中，得以书言，毋有令史，延邮书报相监。

（《敦煌悬泉汉简释粹》Ⅱ 0314②：315）

简 32　十月己卯，敦煌太守快、丞汉德敢告部都尉卒人，谓县督盗贼史赤光、邢世写移，今□□□□□□□□部督趣，书到，各益部吏，□泄□捕部界中，明白大编书乡亭市里□□□□，令吏民尽知□□。

（《敦煌悬泉汉简释粹》Ⅰ 0309③：222）

根据《汉书·赵充国传》记载，赵充国认为叛羌"易以计破，难用兵碎"，主张瓦解羌人，简 29 反映的是辛武贤与朝廷之间文书往来，报告军粮供应的问题，请求根据粮食质量，适当增加士卒的口粮供给，保证作战部队廪食充足。此简的时间应在辛武贤拜破羌将军之前。简 30 反映的正是这一期间的事情，敦煌太守快作为这次平叛的重要将领之一，此时巡行县、道，其原因估计与平定叛羌有关，可能是为了稳定全郡各地，防止出现变故。①

悬泉置汉简中反映羌人反叛的还有如下数枚：

简 33　闻羌人买谷民间持出塞甚众，长吏废不为意，未有坐者，务禁防之Ⅱ 0216②：39

简 34　博望雕秩候部见羌虏为盗《敦煌悬泉汉简释粹》Ⅲ 0809④：35

简 35　☑　□□□普、张崇钦言羌人黠，连头击背，若首发Ⅱ 0113①：39

简 36　益广言校候部见羌虏将为渊泉南藉（籍）端□　☑

（《敦煌悬泉汉简释粹》Ⅵ H 11：1）

---

① 汪桂海.从出土资料谈汉代羌族史的两个问题[J].西域研究，2010（2）：1—7+122.

简 33 的年代，张德芳先生认为大致属于元帝时，此简所记录的当为元帝永光年间陇西羌人反叛时，河西羌人与之呼应的行动。简 34 至 36 三枚简的年代，有学者推测，大致为王莽时期，羌人起兵攻打西海郡时，河西羌人的动向。简 34 与简 36 都是戍守边塞的吏卒候望、报告叛乱羌人活动情况的文书。①

悬泉汉简有一个反映羌人争讼的简册《案归何诬言驴掌谋反册》，记载了河西羌人的畜牧情况。

简 37　……年八月中徙居博望万年亭徼外归藙谷，东与归何相近，去年九月中，驴掌子男芒封与归何弟封唐争言，封唐以股刀刺伤芒封二所，驴掌与弟嘉良等十余人共夺归何马册四、羊四百头，归何自言官，官为收得马廿四、羊五十九头，以其归何。余马羊以使者条相犯徼外，在赦前不治，疑归何怨恚，诬言驴掌等谋反。羌人逐水草移徙……

（《敦煌悬泉汉简释粹》二四一，Ⅱ0214①：124、Ⅱ0214①：26、Ⅱ0114③：440）

这一册书反映的是羌人之间的经济纠纷，狼何与归何家族因争言而发生刀刺事件，导致归何家畜牧被驴掌等人抢夺，由于羌人传统是以畜牧为主，农业种植有限，因此羌人对汉地就有了农产品需求，对此，汉简有所记载。

---

① 汪桂海.从出土资料谈汉代羌族史的两个问题[J].西域研究，2010（2）：1—7+122.

简38　闻羌人买谷民间，持出塞甚众，长史废不以为意，未有坐者，务禁防之（Ⅱ90DXT0216②：39）

此简所记录的当为元帝永光年间陇西羌人反叛时，河西羌人与之呼应的行动。当时汉朝政府对羌人实行严格的经济封锁政策。这枚简确证了羌人到汉地买谷的事实，汉地可能禁止向羌人卖谷，于是羌人私自从民间买谷，而且"出塞甚众"，说明数量较大。这正是当时民族之间交往交流交融的重要内容。

此外，简文记载了防止羌人到汉地买铁器的情况。

简39　甲渠言毋羌人入塞买兵铁器者（EPT5：149）

此简的"兵"指兵器，"铁器"当指其他铁制生活用具。兵器和铁器由于在战争中的重要作用，是汉政府边塞贸易中重点控制的商品之一。该简是甲渠塞的上报文书，说明当地政府对这种现象的重视。①

简40　·范君上月廿一日过当曲，言窦昭公到高平，还道不通。·天子将兵在天水，闻羌胡欲击河以西。今张掖发兵屯诸山谷。麦熟，石千二百，帛万二千。牛有贾，马如故。七月中恐急，吏民未安（EPF22：325A）

史将军发羌骑百人，司马新君将，度后三日到居延，居延流民亡者，皆已得度。今发遣之居延，它未有所闻。·何尉在酒泉，但须召耳。·闻赦诏书未下部，月廿一日守尉刺白掾。·甲渠君有恙.

未来，趋之莫府。（EPF22：325B）

这是东汉建武时期窦融治理河西的一枚重要简牍，《后汉书·窦融传》记载："八年夏，车驾西征隗嚣，融率五郡太守及羌虏小月氏

---

① 马智全.从出土汉简看汉代羌族族群[J].丝绸之路，2011（6）：5—8.

等步骑数万，辎重五千余两，与大军会高平第一。"简文反映的正是这一情况。简文载"史将军发羌骑百人"，是这次军事行动的内容之一。"羌骑"应是羌人组成的骑士。羌人善于骑射，窦融统治时期，为政宽和，上下相亲，"保塞羌胡皆震服亲附"，窦融组织羌骑，成为河西重要的军事力量。①

简41　入西书八，邮行，县泉邮孙仲受石靡邮牛羌，永平十五年三月 九日人定时（Ⅵ 91DXF13C ①:5）

此简所记"牛羌"为石靡邮卒。邮是古代传递文书、供应车马食宿的驿站机构。此简时代为东汉明帝时期，记载了羌人从事邮驿事务的情况。

简42　部骑千人云行丞事。下部……啬大夫羌千人□□（V92DXT1611 ③：79）

此简残断较甚，参考千人为职官的情况，此"啬大夫""应为"啬夫"之误，啬夫是汉代基层职官，负责治安及征收赋税等相关事务。此简中羌从事啬夫的职务，说明羌人参与了河西边塞事务的管理。

以上一些简牍文献记载了河西羌人融入汉朝统治的状况，正是民族间交往交流交融的真实反映。从简文来看，羌人在河西从事徒、御、邮、骑、啬夫等事务，成了汉朝边塞防御的组成部分。②

汉陇西郡是西北大郡，其乡里治安状况影响着基层秩序是否稳固，也影响百姓生活的安稳。从正史和出土文献来看，汉代陇西郡乡

① 马智全.从出土汉简看汉代羌族族群 [J].丝绸之路，2011（6）：5—8.
② 马智全.从出土汉简看汉代羌族族群 [J].丝绸之路，2011（6）：5—8.

里治安体系已形成。有张家山汉简之《二年律令·贼律》的部分律令内容可佐证。

简43　贼杀人、闟而杀人，弃市。……二一（2）谋贼杀、伤人，未杀，黥为城旦舂。二二（3）贼杀人，及与谋者皆弃市。未杀，黥为城旦舂。二三。①

《贼律》明确规定，伤人、杀人者城旦舂或弃市。相对来说，惩罚严明，在一定程度上使盗贼和狱案较少。而到了西汉后期，特别是初元、建平年代时，盗贼逾多，西汉基层乡里治安体系，这一点可通过出土文献窥见一斑，主要通过游缴、乡亭部吏和乡官里吏来实现。游缴是县派出专门负责乡里治安的，是乡一级治安的主要维护者。敦煌悬泉两枚汉简佐证了游缴的职能，简文如下。

简44　黄龙元年二月己（A面），橄到，遣尉、游徼过纪部界（B面），守丞付福禄狱口……（C面）I0114③：202

君会广至，羌人当以时出，唯廷调左部游徼贺及闲亭吏卒Ⅱ01152：10

从简文44可以看出游缴有传世文献不曾记载的另一职责：随时配合上级部门的指令，如执行警戒。押送任务的职责。陇西郡和敦煌同属西北地域，很大可能性陇西郡的游缴有此职能，当然这只是推测，实际还需考证。②

此外，在陇西县发现了"建义护军印"，出土于陇西县文峰镇，由文物工作者在暖泉沟人家收集，出土年代不详，现为国家三级文

---

① 张家山二四七号汉墓竹简整理小组.张家山汉墓竹简[M].北京：文物出版社，2006：59.
② 王靓.出土文献所见两汉陇西郡研究[D].兰州：西北师范大学，2021.

物，藏陇西县博物馆。印章通高 2.7 厘米，边长 2.2 厘米，台厚 1.1 厘米，重 0.06 千克，青铜质，羊形钮，印面呈正方形，阴刻汉篆"建义护军"四字，无边栏，文字古朴率真。①

建义护军这一官职在传世文献中并没有相关的记载，但见于出土文物中，可知此官职在汉代陇西郡确实存在。光武帝刘秀平割据势力，封朱祐为建义大将军②，因而"建义"号最早出现于建武元年。因此建义护军也应该是东汉首次设置。关于护军的职能，据《汉书·高惠高后文功臣表第四》记载，如陈平在汉王二年初升为都尉，"以护军中尉出奇计，定天下，侯，五千户"，可看出护军职责主战事，领兵打仗。据《后汉书·百官志》载，"大将军出征，置中护军一人"，可见在战争的军事谋略中，护军有建议权而没有决定权。建义护军，是东汉初羌族时常"寇陇西"，战事较多，护军率军队作战之故而设置，是陇西郡地方行政体系中很重要的一职官。③

另外，在陕西绥德出土了"巍率善羌仟长"印。绥德在汉代属上郡，上郡的羌人，见于记载的有上郡沈氏羌、上郡虔人羌等。④到东汉末，起兵于西北的董卓、韩遂和马腾父子均拥有众多的羌兵，他们率军入关中，逐鹿中原，使羌人更内迁于关中各地。因此，曹魏时，关中、陕北等地有众多的羌族，此地出土"巍率善羌仟长"印，当系

---

① 汪楷．陇西金石录：上册 [M]．兰州：甘肃人民出版社，2010：3.
② 注："建义大将军朱祐"多次出现于《后汉书》中如卷一《光武帝纪》，卷十七《冯异传》，卷十八《吴汉传》等。
③ 王靓．出土文献所见两汉陇西郡研究 [D]．兰州：西北师范大学，2021.
④ 范晔．后汉书 [M]．北京：中华书局，1965：2897.

曹魏政权颁给上郡某羌族首领之印信。① 在甘肃陇西县还出土了"魏率善羌佰长印"，② "魏率善羌佰长"印，"率善"的对象是羌族。号"率善"意为希望外族和内附少数民族率众顺服于中原王朝政权，并且循善守法。曹魏时的陇西郡同两汉时期一样，境内生活着少数民族羌族，如陇西境内名羌"唐蹄"。"魏率善羌佰长"作为管理羌族的官制在魏羌的交互关系中发挥了不可忽视的作用。③ 曹魏去东汉相距不远，从而佐证了这一地区羌族的情况。东汉王朝册封的少数民族首领担任仟长、佰长等组成管理机构，在战时随军出征，平时管理本民族内部事务。唯仟长、佰长等官职设于少数民族聚居区，而且多为当地少数民族首领担任。"汉归义羌仟长"、"汉归义羌佰长"、"新西国安千制外羌佰长右小长"④ 等官印即明证。⑤

在两汉的历史发展过程中，羌族日益发展成为影响中原王朝政治、军事的重要民族之一。汉代羌族交往交流与交融作为两汉史研究中的重要课题受到后世的关注，而汉简中有关羌族的资料对于汉代羌族交往交流交融史的研究无疑会起到十分重要的作用。

① 周伟洲、间所香炽.陕西出土与少数民族有关的古代印玺杂考[J].民族研究，2000（2）：85—93+110.

② 汪楷.陇西金石录：上册[M].兰州：甘肃人民出版社，2010：5.

③ 王靓.出土文献所见两汉陇西郡研究[D].兰州：西北师范大学，2021.

④ 陈直.汉晋少数民族所用印文通考[M]// 陈直.文史考古论丛.天津古籍出版社1998：355—382.

⑤ 王力.两汉王朝与羌族关系研究[D].兰州：西北师范大学，2021.

第四章　两汉屯田与羌族内迁

第一节　西汉屯田与羌族内迁

西汉初年，匈、羌、汉之间，羌族由于受制于匈奴而不能直接与西汉发生过多的直接接触处于极其微弱的地位，因此西汉王朝将西羌视为"匈奴右臂"；而在汉匈之间，由于匈奴不但控制了河湟的西羌，而且西汉东北部的鲜卑、乌桓亦在匈奴的统治之下，这就形成了匈奴自东北至西北对西汉三面夹击的形势，在西汉"隔绝羌胡""断匈奴右臂"的战略当中，西汉为了"隔绝羌胡"政策的顺利实施，必然会尽力减少与羌族之间的冲突，与羌族之间的矛盾自然就处于次要位置。"遣使至羌中，道从沙阴地，出盐泽，过长阬，入穷水塞，南抵属国，与先零相直"。①

汉武帝元鼎五年（公元112年）"先零羌与封养牢姐种解仇结盟，与匈奴通，合兵十馀万，共攻令居、安故，遂围袍罕。"②而匈奴也派兵"入五原，杀太守。"③与羌人相呼应。汉武帝遂于次年冬天"发陇西、天水、安定骑士及中尉，河南、河内卒十万人。"④"遣将军李息、

---

①　范晔.后汉书 [M].北京：中华书局，1965：2876.

②　范晔.后汉书 [M].北京：中华书局，1965：2313.

③　班固.汉书 [M].北京：中华书局，1962：162.

④　班固.汉书 [M].北京：中华书局，1962：162.

郎中令徐自为将兵十万人击平之。"①在这次战事之后，武帝加强了对西北边地的管理，在西羌聚居区新设护羌校尉"持节统领焉。"②又对战败归附的西羌首领进行笼络，如封先零羌豪杨玉为归义侯。而其他未归附的羌人则退走渔中，"依西海、盐池左右。"③

赵充国上"屯田奏"，建议"罢骑兵，留弛刑应募，及淮阳、汝南步兵与吏士私从者，合凡万二百八十人"，"冰解漕下，缮乡亭，浚沟渠治湟峡以西道桥七十所""耕种开垦羌虏故田及公田，民所未垦，可二千顷以上"④。

《汉书·赵充国传》中记载："其秋，充国病，上赐书曰：'制诏后将军……今诏破羌将军诣屯所，为将军副，急因天时大利，吏士锐气，以十二月击先零羌。即疾剧，留屯毋行，独遣破羌、强弩将军。'时羌降者万余人矣。充国度其必坏，欲罢骑兵屯田，以待其敝。……遂上屯田奏。"⑤《赵充国传》中还有记载以为："上以破羌、强弩将军数言当击，又用充国屯田处离散，恐虏犯之，于是两从其计……诏罢兵，独充国留屯田。"⑥

① 范晔.后汉书[M].北京：中华书局，1965：2313.
② 范晔.后汉书[M].北京：中华书局，1965：2313.
③ 范晔.后汉书[M].北京：中华书局，1965：2313.
④ 班固.汉书[M].北京：中华书局，1962：2572.
⑤ 班固.汉书[M].北京：中华书局，1962：2984.
⑥ 班固.汉书[M].北京：中华书局，1962：2992.

第二节　东汉屯田与羌族内迁

　　由于东汉王朝的主要边防威胁来自河湟地区的羌民，因此东汉王朝的屯田主要是针对羌民的军事屯田，且不论在次数上还是程度上要更甚于西汉时期。但东汉初年，立国未稳，匈奴趁机卷土重来，重新占领西域诸国再次成为东汉北边的强大威胁，因此，东汉王朝在早期并没有投入大量的精力镇抚西羌、经营西域。到了汉和帝时期，东汉先后以窦固、窦宪出兵匈奴，彻底击败了北匈奴，从此匈奴不再成为东汉王朝的主要边防威胁，而东汉针对西羌的军事屯田亦由此而始。

　　章和二年（公元88年），"遂罢屯兵，各令归郡。唯置弛刑徒二千余人，分以屯田，为贫人耕种，修理城郭坞壁而已"①永元十四年（公元102年）后，西羌平定，屯田规模扩大，汉朝廷于是拜曹凤为金城西部都尉，"后金城长史上官鸿上开置归义、建威屯田二十七部，侯霸复上置东西邯屯田五部，增留、逢二部，帝皆从之。列屯夹河，合三十四部。其功垂立。"②

　　安帝建光元年（公元121年），当煎种大豪忍良以"麻奴兄弟本烧当世嫡，而贤抚恤不至"③为借口，与烧当羌麻奴兄弟相结"将诸种

---

① 范晔. 后汉书 [M]. 北京：中华书局，1965：611.
② 范晔. 后汉书 [M]. 北京：中华书局，1965：2885.
③ 范晔. 后汉书 [M]. 北京：中华书局，1965：2325.

步骑三千人寇湟中，攻金城诸县。"①但东汉的镇压并没有取得理想的效果，麻奴与忍良先后战败了前来平叛的马贤及武威、张掖的郡兵。胜利的羌众又"缘山西走，寇武威。"②马贤追至鸾鸟，以招降之策降附数千羌众，麻奴遂带领余众南还湟中。延光元年（公元122年），马贤追击麻奴至湟中，麻奴渡河出塞，马贤一路追击，致使麻奴"种众散遁，诣凉州刺史宗汉降。"③饥弱孤困的麻奴亦于其年冬将余下种众三千余户诣汉阳太守耿忠降。

东汉王朝的屯田有开发建设西部边疆的作用与功劳，当时羌族要么降附东汉王朝，被内迁于东汉郡县；要么远徙至更加高寒穷困的远方，如烧当羌最后远徙至青藏高原地区。

第三节　汉代屯田的影响

"河湟、陇西屯田，是汉朝配合军事镇压而采用的'分屯要害处'，以分化羌人反抗斗争的临时性措施。"④

两汉屯田点的设置与交通位置密切相关。不难发现屯田点的设置与交通位置之间的重要联系。

凉州位于我国西北地区，自武帝设置凉州刺史部后，便一直肩负

---

① 范晔.后汉书[M].北京：中华书局，1965：2325.
② 范晔.后汉书[M].北京：中华书局，1965：2325.
③ 范晔.后汉书[M].北京：中华书局，1965：2325.
④ 光华.汉代西北屯田研究[M].兰州：兰州大学出版社，1988：83.

着守卫边疆形势的重任，《汉书·地理志》载："自武威以西，本匈奴昆邪休屠王地。武帝时攘之，初置四郡，隔绝南羌、匈奴。地广民稀，水草宜畜牧。故凉州之畜，为天下饶。保边塞二千石治之，咸以兵马为务。""盖其地跨越边塞，保险阻，宜畜牧"。[1] "陛下不救，则边民绝望而有降敌之心；救之，少发则不足，多发，远县才至，则胡又去。聚而不罢，为费甚大。"[2] 汉代屯田促进了民族间文化上的兼容并蓄、经济上的相互依存和情感上的相互亲近，体现了中华民族共同体发展的内在驱动力。

① 顾祖禹.读史方舆纪要[M].北京：中华书局，2005：2973.
② 班固.汉书[M].北京：中华书局，1962：2285.

第五章　汉代羌族管理机制与羌族内迁

第一节 汉代中央管理羌族机制与羌族内迁

一、典属国

史书中关于典属国较全面的记载主要是《汉书·百官公卿表》言："典属国，秦官，掌蛮夷降者。武帝元狩三年昆邪王降，复增属国，置都尉、丞、侯、千人。属官，九译令。成帝河平元年省并大鸿胪①。"《汉书·苏武》载："诏（苏）武奉一太牢谒武帝园庙，拜为典属国，秩中二千石，赐钱二百万。"②汉昭帝以苏武"久在外国，知边事，故令典主诸属国。③"

《汉书·常惠传》亦称：常惠"后代苏武为典属国，明习外国事。"④

简45 显处令吏民卒徒奴婢尽知之各相牵证任毋舍匿出已爱书锢

臧县廷令可案毋令留居部界中

不得胡人亡重事如法律令敢言之／九月丙子车骑将军宣曲

---

① 班固．汉书[M]．北京：中华书局，1962：753.
② 班固．汉书[M]．北京：中华书局，1962：2467.
③ 班固．汉书[M]．北京：中华书局，1962：223.
④ 班固．汉书[M]．北京：中华书局，1962：3005.

校尉当肩丞让敢告典属国卒人写移□ 73EJT24 : 245①

简 46 ·县泉置元康五年正月过长罗侯费用簿。县掾延年、县掾延年过 90DXT0112③: 61 ）②

简 47 县泉置度侍少主长罗侯用吏。（ Ⅱ 90DXT0215②: 298 ）

简 48 鱼离置为长罗侯军吏士，置传一封辄□璜（ Ⅰ 90DXT0112③: 309 ）

简 49 长罗侯仓头李渠子，当责效谷千人丞许得之、骑士乐成里杜延年、安处里赵中君、昌里杜中对钱八千。（ Ⅱ 90DXT0214③:5）

简 50 上书二封。其一封长罗侯，一乌孙公主。甘露二年二月辛未日夕时受平望译骑当富，县泉译骑朱定付万年译骑。（ Ⅱ 90DXT0113③: 65）

简 51 孙长罗侯惠遣斥候恭，上书诣行在所。以令为驾一乘传。甘露二年二月甲戌，敦煌骑司马充行大守事，库令贺兼行丞事，谓敦煌以次为，当舍传舍，如律令。(V92DXT1311 ③ :315)

以上所列简文中的长罗侯即指的是常惠。

二、大鸿胪

《汉书·百官公卿表》载："典客，秦官，掌诸侯归义蛮夷，有丞。景帝中六年更名大行令，武帝太初元年更名大鸿胪。"③颜师古引应劭

---

① 甘肃省简牍博物馆：《肩水金关汉简》，上海：中西书局，2011—2016 年。以下以此编号简文皆出于此。

② 以下各简均出自张德芳、胡平生. 敦煌悬泉汉简释粹[M]. 上海：上海古籍出版社，2001：47.前号为该书著录顺序号，后号为出土号，下同。

③ 班固. 汉书[M].北京：中华书局，1962：730.

曰："郊庙行礼赞九宾，鸿声胪传之也。"《史记·孝景本纪》司马贞《索隐》引韦昭云"胪，附也。以言其掌四夷宾客，若皮胪之在外附于身也。复有大行令。故诸侯薨，大鸿胪奏谥；列侯薨，则大行奏诔。"①

对于其具体的职责《续汉书·百官志》载"大鸿胪，卿一人，中二千石。本注曰：掌诸侯及四方归义蛮夷。其郊庙行礼，赞导，请行事，既可，以命群司。诸王入朝，当郊迎，典其礼仪。及郡国上计，匡四方来，亦属焉。皇子拜王，赞授印绶。及拜诸侯、诸侯嗣子及四方夷狄封者，台下鸿胪召拜之。王薨则使吊之，及拜王嗣。丞一人，比千石。"②

在成帝和平元年"六月，罢典属国并大鸿胪。"③根据《汉书》、《后汉书》的相关记载，西汉王朝大鸿胪对边疆民族政权的管理大致主要包括以下几项内容：主管边疆民族政权首领的册封事务；负责边疆民族统治者或其使者来朝的有关礼仪制度；负责边疆民族统治者或其使者来朝的具体接待事务；典属国归并大鸿胪后，大鸿胪也主管有关属国的事务；率军平息边疆民族的反叛和参与统一匈奴的行动；参与有关边疆民族政权事务的决策。④

至汉宣帝时代西域诸国归附，汉王朝于诸国均设立译长，同时，汉王朝于边地府尉同样设立相关的"译"。汉简可见当时酒泉郡府设立译者：

---

① 司马迁.史记 [M].北京：中华书局，1959：446.

② 范晔.后汉书 [M].北京：中华书局，1965：3582.

③ 班固.汉书 [M].北京：中华书局，1962：309.

④ 李大龙.西汉王朝藩属体制的建立和维系 [J].学习与探索，2005（3）：126—133.

简 52　仓曹言遣守属忠送罢匈奴译诣府 R Ⅱ 98DXT1 ②：1

简 53　凡传马卅四匹其一匹假匈奴译 R 见卅三匹 Ⅱ T0213 ①：8

简 54　今余传马卅八匹其一匹假匈奴译见卅七匹 Ⅱ T0216 ②：220

简 52、53、54 出自悬泉置，记录悬泉置借马给"匈奴译"。敦煌郡北境作为抵御匈奴南侵的重要防御地带，其与匈奴的交往也最为频繁，"匈奴译"必为其属常设职位。而随着敦煌郡置单位与防御体系的建立，使羌胡隔绝，敦煌郡在同羌胡的交往交流中，设有"羌译"、"羌胡译"承担翻译工作：

简 55　元凤五年十一月丙子朔辛卯尉史宣敢言之戎邑给敦煌郡羌译一人有请诏今谨遣羌译板里男子妾南以县牛车传送续食谒移过所县道官给法所档案得舍传舍敢言之 A 十一月辛卯戎邑丞舍移过所县道官河津关往来复传如律令掾留见守令史建德□□元凤五年九月丙申过东 BVT1511 ⑤：2AB

简 56　入粟八斗阳朔二年闰月甲辰县泉吾子文受遮要啬夫博以食羌胡译行书马瓠赐之等传马 Ⅱ T0215 ②：16

此外当时于西北边郡担任译人的群体中，亦存在女性译人，如居延汉简所记：

简 57　诏伊循候章□卒曰持楼兰王头诣敦煌留卒十人女译二人留守□ 303·8①

以上诸简所记可见汉廷在面对同匈奴、羌人以及西域诸族的交往

---

① 谢桂华，李均明，朱国炤．居延汉简释文合校 [M]．北京：文物出版社，1987：496．

交流中均设立有专门从事语言翻译的译人，译人不仅男女皆可出任，且已应作为汉廷边境，尤其为少数民族云集的河西诸郡府尉常设官职。①

三、将军

汉代，将军已经成为固定的官职。②作为高级武官，将军的主要执掌为"主征伐"。到了东汉时期，将军制度有了新的变化，有学者将东汉时期的将军分为三种，即征伐将军、荣誉将军和中朝将军③，其中征伐将军主要负责领兵作战，战事结束后则省罢。在灵帝以前，与羌族作战将领所领将军号，以征西将军和车骑将军为多。车骑将军在汉代地位极高，《后汉书·百官志》记载车骑将军地位"比公"，"（车骑将军）皆金紫，位次上卿"④，是以东汉时期领兵与羌族作战的车骑将军，或是由外戚担任，或是由九卿拜，凸显出其崇高地位。根据学者研究，东汉时期的征西将军由于频繁负责与羌族作战，故其地位"只比车骑将军等重号低一个等次"⑤。东汉时期度辽将军一职的设置，其本意在于防止南北匈奴联合谋反，而不是负责对羌族的战事，其后随着局势的发展，度辽将军的防御监察对象不再仅限于匈奴，而是与

---

① 杨富学，刘源.出土简牍所见汉代敦煌民族及其活动 [J].敦煌研究，2019（3）：32—45.

② 顾炎武著、陈垣校注：《日知录校注》卷二十四"将军"条。

③ 廖伯源."中央研究院"历史语言研究所集刊 [M] // 廖伯源.东汉将军制度之演变.1991：131-214.

④ 范晔.后汉书 [M].北京：中华书局，1965：3563.

⑤ 柴芃：东汉光武、献帝时期的将军制度 [J].湖北社会科学，2018（7）：111—119.

北边诸领护官员以及边地太守一道，组成东汉国家北部边境的防御线，度辽将军作为一支机动部队进行支援。①

四、中郎将

汉代郎将，西汉时有郎中将与中郎将之别，东汉时期，省郎中将，只有中郎将，郎将隶属于九卿之一的光禄勋。根据《后汉书·百官志》的记载，郎将负责主领诸郎②，而诸郎的职责根据《汉书·百官公卿表》的记载为"掌守门户，出充车骑"③，《后汉书·百官志》中也对郎官的职责有所介绍："凡郎官皆主更直执戟，宿卫诸殿门，出充车骑"④，汉时期对羌族作战，尤其是安顺以后，羌族势力强盛，仅凭地方军队难以抵挡，往往需要中央军队出征予以协助，中郎将地位较高，秩比两千石⑤，且因为是皇帝亲信之人，所以可以在需要的时候，指挥地方太守率领的郡兵。故东汉时期，当北边发生战事时，朝廷除派遣将军领兵出征外，也会任命郎将作为一军之统帅，领兵出战。

① 廖伯源."中央研究院"历史语言研究所集刊［M］//廖伯源.东汉将军制度之演变.1991：140.
② 范晔.后汉书［M］.北京：中华书局，1965：3573.
③ 班固.汉书［M］.北京：中华书局，1962：727.
④ 范晔.后汉书［M］.北京：中华书局，1965：3574.
⑤ 范晔.后汉书［M］.北京：中华书局，1965：3574.

第二节 汉代护羌校尉与羌族内迁

一、西汉护羌校尉与羌族内迁

《史记·建元以来侯者年表》中褚少孙补"孝昭以来功臣侯者"中有平陵侯范明友"家在陇西。以家世习外国事，使护西羌。事昭帝，拜为度辽将军。"①据《汉书·昭帝纪》载，"元凤四年夏四月，诏曰'度辽将军范明友前以羌骑校尉将羌王侯君长以下击益州反虏，后复率击武都反氐，今破乌桓，斩虏获生有功。其封明友为平陵侯。'"②这里提到的"羌骑校尉"，史书中只此一见。推测《史记》中所云范明友"护西羌"的职务即为此。

"羌骑校尉"应属临时职事官，据《汉书·昭帝纪》载"以中郎将范明友为度辽将军，将北边七郡，郡二千骑击之。"应劭注曰"当度辽水往击之，故以度辽为官号。"③宣帝锄除霍家势力，收范明友度辽将军印绶后，西汉未再设置此官职，也无别人担任过此官职，可见和东汉明帝以后常设"度辽将军"一职总北边军务不同，西汉的"度

---

① 司马迁.史记[M].北京：中华书局，1959：1063.
② 班固.汉书[M].北京：中华书局，1962：230.
③ 班固.汉书[M].北京：中华书局，1962：229.

辽将军"是因人因事的临时设置，不是常设官职。"羌骑校尉"也是如此，都是临时职事官。

《汉书·赵充国传》有提到"赵充国叹曰丶……往者举可先行羌者，吾举辛武贤，丞相御史复白遣义渠安国，竟沮败羌。……"，①从中可见，"先行羌者"就是义渠安国处理羌务的职名。"先行羌者"与其说是一个官职，毋宁说是一项临时性的职事。而史实确是义渠安国以此身份监视诸羌动向，接受羌人的陈情，办理羌人与中央王朝的交涉；第二次受使时还提到他领兵，有权自行诛杀羌豪，发兵击杀千余人，事实上他在行使"护羌校尉"同样的职权。光禄大夫义渠安国受丞相、御史推荐，皇帝派遣，以"先行羌者"的职名作为"使者"办理羌人事务，还以"骑都尉"的军职率军与羌人作战，并与征羌的后将军赵充国写信，建议离间羌人罕种与先零种，意见被采纳。从作为来看"先行羌者"在朝廷中是被委以重任，身份特殊的，在涉羌事务中也是负责的，而职名又是临时性的。

综上所述，"羌骑校尉"和"先行羌者"一样，是护羌校尉设置的萌芽时期未定型未规范的表现，与之类似如"西域都护"。护羌校尉官职的设置是一个发展的过程，"羌骑校尉"和"先行羌者"都没有被称为"护羌校尉"，反映此职务还未规范化，为时人和史学家所忽略，原因还在于它们一样具有涉及羌人事务的特殊性和使命的临时性。

西汉时期，为了加强对羌人的有效管理，中原王朝在中央和地方政府设置专属官吏，采取相关举措，以便对羌族实施有效的管理。根

---

① 班固.汉书[M].北京：中华书局，1962：2984.

据《敦煌悬泉汉简》所反映的情况，这些官吏的设置，发挥了积极的作用，是羌族社会发展和中原王朝稳定的重要保证。所设官吏的具体职务及职能简述如下。

（一）西汉护羌校尉设置年代考

护羌校尉是管理西羌诸部最为重要的官职，是西汉时期管理羌人事务的高级官吏但关于西汉护羌校尉的设置年代问题，史学界多据《后汉书》卷八十七《西羌传》中的一段记载，认为护羌校尉初置于武帝元鼎六年（公元前111年）。该传记载云："时先零羌与封养牢姐种解仇结盟，与匈奴通，合兵十余万，共攻令居、安故，遂围枹罕。汉遣将军李息、郎中令徐自为将兵十万人击平之。始置护羌校尉，持节统令焉。羌乃去湟中，依西海、盐池左右。汉遂因山为塞，河西地空，稍徙人实之。"[1]有多位学者均持此说，[2][3][4][5]但《资治通鉴》和《汉书》所载护羌校尉设置年代，与《后汉书》所载有分歧。《资治通鉴》认为神爵二年（公元前60年）"诏举可护羌校尉者"，胡三省注曰："护羌校尉之官，始见于此。"[6]《汉书·赵充国传》则云："诏举可护羌校尉者，时充国病，四府举辛武贤小弟汤。"所以，一些学者认为护羌

① 范晔.后汉书[M].北京：中华书局，1965：2876.
② 参见王宗维.汉朝对金城的开发与建设[J].兰州学刊，1988（1）：93—101.
③ 高荣.汉代护羌校尉述论[J].中国边疆史地研究，1995（3）：10—16.
④ 陈新海.西汉管理青海方略试探[J].青海民族研究，1996（2）：38—44.
⑤ 李大龙.两汉时期的边政与边吏[M].哈尔滨：黑龙江教育出版社，1998：96.
⑥ 《资治通鉴》卷二六宣帝神爵二年五月胡注。

校尉应置于神爵二年（公元前 60 年），有两位学者都持这种观点，[12]
昭帝时期是否设置护羌校尉，文献记载只有范明友一人与护羌有关，
据《史记·建元以来侯者年表第八》记载，"范明友，家在陇西。以
家世习外国事，使护西羌。事昭帝，拜为度辽将军，击乌桓功侯（即
平陵侯），二千户。取霍兴女为妻。地节四年，与诸霍子禹等谋反，
族灭，国除。"《汉书·昭帝纪》："（元凤四年）夏四月，诏曰：'度辽
将军范明友前以羌骑校尉将羌王侯君长以下击益州反虏，后复率击武
都反氏，今破乌桓，斩虏犹生有功，其封明友为平陵侯'。"从以上
两条史料可知，范明友曾任羌骑校尉，职责是"使护西羌"，羌骑校
尉一职，是临时所设，抑或护羌校尉的别称，不得而知。前引《汉
书·赵充国传》记载：宣帝初年，派光禄大夫义渠安国行视诸羌，义
渠安国默许先零羌"时渡湟水北"之请，导致诸羌"旁缘前言，抵冒
渡湟水，郡县不能禁"。宣帝派光禄大夫义渠安国行视诸羌，而没有
派持节领护西羌的护羌校尉行视诸羌，其结论只能是当时没有设置护
羌校尉，因此有两位学者都提道：《汉书·赵充国传》用很大的篇幅
来记载赵充国在平羌期间的奏报往来。从汉朝出兵的情况看，有后将
军赵充国、侍中乐成侯强弩将军许延寿（后为汤郡太守）、酒泉太守
辛武贤、长水校尉富昌、酒泉侯冯奉世、赵充国子中郎将赵卬及敦煌
太守快、金城太守等，独不见持节领护的护羌校尉，唯一的解释是直
到此时（公元前 61 年）汉还未设置护羌校尉，据此推断汉设置护羌

---

① 参见边章. 两汉的护羌校尉 [J]. 西北师大学报（社会科学版），1991（1）：
66—68.

② 马兰州. 护羌校尉与金城属国 [J]. 历史教学，2002（12）：66—68.

校尉于神爵二年（公元前 60 年）。"①近年来，敦煌悬泉置遗址出土了近百枚关于羌人活动的简牍，其中关于反映西汉时期的羌人反叛以及破羌将军辛武贤、敦煌太守快、强弩将军许延寿、后将军赵充国的简文与《汉书·赵充国传》中有关记载相符合，再一次验证了《赵充国传》的历史价值。《赵充国传》载宣帝诏书曰："今诏破羌将军武贤将兵六千一百人，敦煌太守快将二千人，长水校尉富昌、酒泉侯奉世将婼、月氏兵四千人，亡虏万二千人。赍三十日食，以七月二十二日击罕羌，入鲜水北句廉上。"悬泉简中保留了上述人物在此前后的活动情况，可补史籍之缺载。

简 58　御史中丞臣强、守侍御史少史臣忠，昧死言，尚书奉御史大夫吉奉丞相相上酒泉太守武贤、敦煌太守快书，言二事，其一事，武贤前书穬麦皮芒厚，以廪当食者，小石三石少不足，丞相请郡当食廪穬麦者石加……（Ⅰ 0309 ③：221 ）②

简 59　神爵二年三月丙午朔甲戌，敦煌太守快、长史布施、丞德，谓县、郡库：太守行县道，传车被具多敝，坐为论，易□□□□到，遣吏迎受输敝被具，郡库相与校计，如律令。（A）

掾望来、守属敝、给事令史广意、佐实昌。（B）（Ⅰ 0309 ③：236 ）

简 60　西合檄四，其一封凤博印，诣破羌将军幕府，一封□□侯印，诣太守府……一封乐延寿印，诣大司农卒史张卿治所。□□□封阳关都尉□□。（Ⅱ 0113 ③：152 ）

---

① 参见边章. 两汉的护羌校尉 [J]. 西北师大学报（哲学社会科学版），1991（1）：21—23. 马兰州. 护羌校尉与金城属国 [J]. 历史教学，2002（12）：66—68.

② 以下各简均出自张德芳、胡平生. 敦煌悬泉汉简释粹 [M]. 上海：上海古籍出版社，2001：52. 前号为该书著录顺序号，后号为出土号，下同。

简61　敦煌太守快使守属充国送牢羌、□□羌侯人十二。神爵二年十一月癸卯朔……琅何羌强藏□□□行在所，以令为驾二乘传，十一月辛未皆罢。当舍传舍，从者如律令。（Ⅰ0210③：6）

以上四简，就其时间而论，有学者考证："当在神爵元、二年间。"①第二简是敦煌太守快告谓郡库，传车被具要按时进行实验统计，与当时战备有关。简60是发往破羌将军辛武贤、乐成侯强弩将军许延寿官府的檄书记录。简61是反映神爵年间西羌反叛的情况。《赵充国传》："后月余，羌侯狼何果遣使至匈奴籍兵，欲击鄯善、敦煌以绝汉道。充国以为'狼何，小月氏……'"简中羌侯"琅何"应为《赵充国传》中的"狼何"。

以上四简提到的参与处理神爵年间这次羌乱的人物与《赵充国传》相符合，也是唯独没有持节领护西羌的护羌校尉，难道悬泉简中没有发现有关护羌校尉的简文吗？悬泉简中确实发现反映西汉宣帝以后护羌校尉的存在和活动情况的两条简文：

简62　七月壬午御史大夫卿下吏护羌校尉将军……（A）

七月癸丑御史齐卿以来……（B）（Ⅱ0314②：179）

简63　入西阜布纬书二封大司徒□□□□□□□。蒲封□□□□□□□□□……纬破一护羌校尉□□□□□□。（Ⅱ0114②：275）

简62为御史大夫下达护羌校尉朝廷公文的记载，张德芳考证"该

---

① 张德芳，胡平生．敦煌悬泉汉简释粹[M]．上海：上海古籍出版社，2001：102．

简反映的内容为宣帝以后，很可能就是三辛担任护羌校尉之事"，①此简所反映的护羌校尉应在神爵二年（公元前60年）宣帝"诏举可护羌校尉者"之后。简63的记录，与护羌校尉有关，为成帝以后之物。

综上所述，悬泉简反映的内容，在神爵二年（公元前60年）前这次平定羌乱的军事活动中所出现的人物与《赵充国传》相符合，唯独没有持节领护西羌的护羌校尉，说明护羌校尉在宣帝神爵二年（公元前60年）前是缺省的。

关于宣帝神爵二年（公元前60年）之前管理羌族的羌吏的情况，史料有记载两条。《汉书·昭帝纪》记载："四年夏四月，诏曰：度辽将军明友前以羌骑校尉将羌王、侯、君、长以下击益州反虏，后复率击武都反氐，今破乌桓，斩虏获生有功。其封明友为平陵侯。"这里提到的"羌骑校尉"，史书中只此一见。《汉书·赵充国传》有提到"赵充国叹曰……往者举可先行羌者，吾举辛武贤，丞相御史复白遣义渠安国，竟沮败羌……"，从中可见，"先行羌者"就是义渠安国处理羌务的职名。"羌骑校尉""先行羌者"都是临时性的职事，是"护羌校尉"设置的萌芽时期未定型未规范的表现。与"护羌校尉"职务性质类似的"使匈奴中郎将"的设置演变过程也有类似的情况，②类似性质的"西域都护"的设置也有一个萌芽发展的演变过程，可见这样一类性质的职务的形成需要一个发展过程。"使匈奴中郎将"的设置用了一个半世纪才正式确立起来，"护羌校尉"官职设置用了

---

① 张德芳，胡平生．敦煌悬泉汉简释粹［M］．上海：上海古籍出版社，2001：102．

② 安作璋，熊铁基．秦汉官制史稿［M］．（上、下），济南：齐鲁书社，1984：284—286．

半个世纪。"羌骑校尉""先行羌者"具有涉及民族事务的特殊性和使命的临时性，是"护羌校尉"官职发展演变过程中不可或缺的一部分。①

关于西汉时期的护羌校尉，见于史籍记载的有以下几位。

辛汤。《汉书》卷六十九《赵充国传》记载："诏举可护羌校尉者，时充国病，四府举辛武贤小弟汤。充国遽起奏：'汤使酒，不可典蛮夷。不如汤兄临众。'"时汤已拜受节，有诏更用临众。后临众病免，五府复举汤，汤数醉拘羌人，羌人反畔，卒如充国之言。

王尊。《汉书》卷七十六《王尊传》：王尊字子赣，涿郡高阳人也。（元帝时）起家，复为护羌将军转校尉，护送军粮委输。而羌人反，绝转道，兵数万围尊。尊以千余骑奔突羌贼。功未列上，坐擅离部署，会赦，免归家。

尹岑。《汉书》卷十九下《百官公卿表下》：（永始）四年，护羌校尉尹岑子河为执金吾，一年迁。

辛通。《汉书》卷六十九《辛庆忌传》：（辛庆忌）年老卒官。长子通为护羌校尉，……时平帝幼，外家卫氏不得在京师，而护羌校尉通长子次兄素与帝从舅卫子伯相善，两人俱游侠，宾客甚盛，及吕宽事起，莽诛卫氏。

窦况。《汉书》卷九十九上《王莽传》：（居摄元年）是岁，西羌庞恬、傅幡等怨莽夺其地作西海郡，反攻西海太守程永，永奔走。莽诛永，遣护羌校尉窦况击之。二年春，窦况等击破西羌。

以上史籍中所见到的西汉时期的护羌校尉都是在宣帝神爵二年

---

① 谢绍鹢. 两汉护羌校尉研究 [D]. 西安：西北大学，2007.

（公元前 60 年）之后，而悬泉简大量出现了护羌校尉的简文也在此之后，这说明护羌校尉自神爵二年（公元前 60 年）后是长期设置的官职。因此笔者认为，护羌校尉开始设置于武帝元鼎六年（公元前 111 年），但属于临时设置，由于武帝及其以后西北边疆的主要压力来自匈奴，随着"隔绝羌胡"战略的逐渐实施，所以羌族事务就显得不突出，护羌校尉在昭帝和宣帝前期就有可能省废；在神爵二年（公元前 60 年）复置护羌校尉，而且这次复置使西汉时期护羌校尉成为常设官职。

对于护羌校尉由临时设置到常设官职的转变过程，有学者提出："西汉王朝时期的护乌桓校尉、护羌校尉以及东汉王朝时期的护匈奴中郎将等，这些官职或机构不仅是管理边疆或边疆民族的专门机构，而且也都是由使者发展而来的，最初是代表最高统治者到边疆民族地区传达诏令或具体处理某些事务，后随着边疆民族臣属关系的加深，使者出使频繁，逐渐转变为常设官职。"[1]"根据西域都护和护匈奴中郎将由临时设置到转变为常设官职的过程"，[2] 推断护羌校尉是出于使者应该说是没有疑问的，也就是说护羌校尉在武帝元鼎六年（公元前 111 年）开始设置时带有使者性质，是临时设置；到宣帝神爵二年（公元前 60 年）为常设官职。对于边疆地区"校尉"类官职由临时向常设固定的转变，台湾学者在《秦汉史论丛》一书中有如下一段论述，他在对护匈奴中郎将、护乌桓校尉的演变过程做了考证后指出："为令使匈奴中郎将能够有效指挥、监察、约束南单于，故使匈奴中

---

① 李大龙. 都护制度研究 [M]. 哈尔滨：黑龙江教育出版社，2003：345.
② 李大龙. 两汉时期的边政和边吏 [M]. 哈尔滨：黑龙江教育出版社，1996：95.

郎将持节为使者。使者本身是临时派遣，事毕即罢；今使匈奴中郎将为正式的官员，却一直保持使者之身份，可谓是使者之变态。此变态显示使者转变为行政官员过程中之某一阶段。假如使者转变为行政官员之一途径是：使者转变为有固定执掌之专职使者，再转变为完全无使者性格之行政官员。则如使匈奴中郎将之类之专职使者可谓是此转变过程尚未完成之型态。"①台湾学者指出护乌桓校尉与使匈奴中郎将经历了类似的演变过程。

（二）西汉护羌校尉的属官与其他羌吏

据《后汉书·百官志五》："使匈奴中郎将一人，比二千石。本注曰：'主护南单于。置从事二人，有事随事增之，掾随事为员。护羌、乌桓校尉所置亦然'。"应劭《汉官》曰："拥节。长史、司马二人，皆六百石。"《后汉书·百官志五》还云："护羌校尉一人，比二千石。本注曰：主西羌。"护羌校尉作为秩比二千石的羌吏，他的属官传统文献中的记载互不相同。边章认为："可能护羌校尉属官前后有所变化，大概西汉时期称长史、司马，东汉以后称从事。"②有学者认为："护羌校尉持有'节'，属官有从事、长史、司马等。"③有学者认为："和郡守一样，护羌校尉也设府置吏，其属吏主要有长史、司马、护羌从事等。"④关于护羌校尉属吏，《后汉书·百官志五》说其犹如使匈

---

① 廖伯源.从汉代郎将职掌之发展论官制演变[M]//廖伯源.秦汉史论丛.台北：五南图书出版股份有限公司，2003：47.

② 边章.两汉的护羌校尉[J].西北师大学报（社会科学版），1991（1）：21—23.

③ 李大龙.东汉王朝护羌校尉考述[J].民族研究，1996（2）：67—78.

④ 高荣.汉代护羌校尉述论[J].中国边疆史地研究，1995（3）：10—16.

奴中郎将，"置从事二人，有事随事增之，掾随事为员"。这也在悬泉汉简中得到反映。

悬泉汉简中有关于西汉"护羌从事"的简文。

简 64　入东合檄一，护羌从事马掾印，诣从事府掾□□□……（Ⅱ 0214 ②：535）

简 65　入……具敝。裴一，完。履橐一，新。鞜□薄十一，完。币勒一，完□。绥和元年五月乙亥，悬泉置啬夫庆受敦煌厩佐并，送护羌从事（Ⅱ 0111 ①：303）

简 66　□□□□护羌从事治所　（Ⅱ 0215 ①：22）

据张德芳考证，简 64 同层所出简文较多，纪年简从宣帝神爵时期开始到西汉末年各时期都有。简 65 中的"绥和"为成帝最后一个年号，时在公元前 8 年。简 66 大致在成帝之后。从以上简文的考证可以得出，从西汉宣元成帝到成帝以后乃至西汉末年，护羌从事一直是存在的。简文与《后汉书·百官志》的记载互证。可见，护羌从事应为护羌校尉的属吏，而且从西汉宣帝时期就有。另《后汉书·西羌传》记载：赵冲任护羌校尉时，"建康元年春，护羌从事马玄遂为诸羌所诱，将羌众亡出塞"。则东汉护羌校尉也有属官护羌从事，这样可以得出结论，西汉、东汉的护羌校尉都有属官护羌从事。

关于西汉护羌校尉的属官是否有司马，现进一步说明。日本学者在《秦汉法制史研究》一书中对西汉的校尉做了全面的盘点。日本学者认为，西汉王朝在京师内外设有校尉多种，如五帝时期开始设置的八校尉、执马校尉、驱马校尉、屯田校尉、转校尉等，这些校尉下都有司马。西汉王朝在西北边疆也设了校尉，"西域都护下设置西域

副校尉这一秩比二千石的校尉。校尉之下有丞一员，司马、侯、千人各二员。""戊己校尉有丞、司马、各一员，侯五员。"①有学者根据敦煌悬泉简进一步考证戊己校尉的属官有丞、司马、侯、史，而且司马下还有司马丞。②护羌校尉与西域副校尉、戊己校尉同是西汉西北边疆的边吏，而且都是秩比二千石，既然西域副校尉、戊己校尉都有司马，作为旁证，西汉的护羌校尉似亦应有司马。另外，《汉官仪》及《汉旧仪》并记边郡"置部都尉、千人、司马、侯"，《汉书·冯奉世传》注引如淳曰"边郡置都尉及千人、司马，皆不治民也。"由此可知边郡部都尉有都尉、侯、千人、司马四官，当为西汉制。有学者在《汉简所见居延边塞与防御组织》一文中对边郡部都尉的属官司马做了爬疏，指出汉简中不仅有司马，而且有骑司马、假司马、属国司马、左部司马、郡司马、城司马等，其对边郡部都尉的考证亦可作为佐证。③东汉司马的活动见于从青海乐都出土的"东汉三老赵宽碑"，碑文中记载赵充国的孙子赵宽"自上邽别徙破羌，为护羌校尉假司马"，赵宽的次子赵子惠又任"护羌假司马"，④可见，东汉的护羌校尉有司马。至于护羌校尉是否有长史，《后汉书·百官志》五曰："每郡置太守一人，二千石，丞一人。郡当边戍者，丞为长史。"可知，东汉的护羌校尉似有长史，西汉的护羌校尉是否有长史，需进一步论证。

① 大庭脩.秦汉法制史研究[M].徐世虹，等译.上海人民出版社，2017.
② 李炳泉.两汉戊己校尉建制考[J].史学月刊，2002（6）：25—31.
③ 陈梦家.汉简所见居延边塞与防御组织[M]//陈梦家.汉简缀述.北京：中华书局，1979：45.
④ 赵生琛.东汉三老赵宽碑[M]//赵生琛，谢端琚，赵信.青海古代文化.西宁：青海人民出版社，1984：116.

敦煌悬泉简中还有四种与羌族有关的官职史书无载。

1. 护羌使者

简67　护羌使者传车一乘，黄铜五羡一具，伏兔两头，枢两头，亶带二，鞘革伏、韦书薄各一。出故皂复盖蒙，完。蚤具毋金承。鞅勒二，完。中靳对各一，完。传三，□韦把杠二，有阳。鞅革显各一，革豆革管各二，于于少四，韦鞮一，赤鞣各两少，铜管一具。河平二年七月癸巳，县（悬）泉徒赵齐付遮要佐赵忠。（Ⅰ0110①：53）

简68　护羌使者，行期有日，传舍不就……（Ⅱ0314②：72）

简69　入东合橛四，其二从事田掾印，二敦煌长印。一诣牧君治所，一诣护羌使者莫府□（Ⅱ0214①：74）

简70　移护羌使者移刘危同种南归责藏耶芘种零虞马一匹、黄金耳县青碧一，会月十五日，已言决。（Ⅱ0112②：63）

简71　鸿嘉三年九月壬戌，县（悬）置啬夫叩头死罪，迫护羌使者良到，入。（Ⅱ0215②：42）

简72　护羌使者良射伤羌男子，良对曰，伤，送调马已死。第廿。(A)护羌使者射伤羌男子，对：伤者送调马已死□(B)（Ⅰ0112②：39）

悬泉简共有八条关于护羌使者的简文，笔者只选取以上有代表性的六条作一说明。"护羌使者"一职，史书无载，张德芳根据出土层位和相关纪年简推断，第68简为宣帝时期之物；第69简有明确纪年，为成帝简。第70简为成帝以后之物。也就是说，"护羌使者"一职，从宣帝至西汉末是一直存在的。根据简文看，护羌使者设有幕府，开府治事，并可巡行各部，似应有相当秩级，不是护羌校尉的属官。

护羌校尉，持节开府治事，治令居，除亲自行视诸羌外，还派属吏巡行各地。护羌校尉由使者演变而来，持节领护西羌，故往往又被称为护羌使者或主羌使者，这在敦煌悬泉简中得到了印证。简67，是护羌使者经过悬泉置时，为他准备车辆的情况，简70至简72，是护羌使者行视诸羌，处理西羌盗马、诉讼等事务的具体例证，简67和简68则是悬泉置迎送护羌使者、传递相关文书的记录。正与文献所载护羌校尉"皆持节领护，理其怨结，岁时循行，问所疾苦"的职责相合。故有学者认为悬泉汉简中所见的护羌使者就是武帝神爵二年以后见于文献的护羌校尉。①

简牍中，护羌使者、护羌校尉又被简称为"护羌"。

简73　入粟，以食骑马五十匹，迎护羌。士卅五人。元始……
（Ⅱ0114④:36）

简74　☑府，一诣御史，一诣左冯翊府，一诣武威府，一诣京兆尹府，一诣安定，一诣赵相府，一诣金城，一诣南河尹府，一诣□□，一诣护羌，一诣鱼泽，一诣□□，一诣渊泉，一诣宜禾护蓬，一诣宜禾，一诣□曹护蓬，一诣定（?）汉尉。（Ⅵ91F13C①:25）

据悬泉汉简发掘整理者称："在悬泉简中，'护羌使者'凡十见，从出土层位和相关纪年简推断，从宣帝起一直持续到西汉末年。"②这也正可与《后汉书》《汉官仪》等传世文献所载护羌校尉武帝置、王乱后遂罢的情形大致相合。

见于记载的护羌校尉佐官属吏有长史、司马、从事、都吏、主

---

① 刘国防.西汉护羌校尉考述[J].中国边疆史地研究，2010（3）：9—17+148.
② 张德芳、胡平生.敦煌悬泉汉简释粹[M].上海：上海古籍出版社，2001：157.

簿、使驿等，未见有护羌使者，因此护羌使者不应该是护羌校尉的属官，也排除是低级地方官吏的可能性。简 69 护羌使者与牧君凉州牧并提，简 67 具体描述了护羌使者的用车规格，与司马彪《续汉书·舆服志下》的记载可以对照："中二千石、二千石皆皂盖，朱两轓。……景帝中元五年，始诏六百石以上施车轓，得铜五末，轭有吉阳筩。中二千石以上右騑，……"有学者以为护羌使者的官秩是二千石，和护羌校尉同。简 68 到 72 具体反映护羌使者经略边地特别是负责羌人事务，性质与护羌校尉同。中央在设有护羌校尉的情况下，不可能另设性质相同、级别相当的官吏同在凉州行使同样的职权而且简中从未见护羌使者与护羌校尉同出并称，因此可以认定"护羌使者"为"护羌校尉"的异称。①

2. 主羌史

简 75 建昭二年二月甲子朔辛卯，敦煌太守彊，守部侯脩仁行丞事，告督邮史众／欣、主羌史江曾、主水史众远，谓县，闻往者府掾史书佐往来颣案事，公与宾客所知善饮酒，传舍请寄长丞食或数……（Ⅱ 0216②：246）②

简 76 七月十一日庚申，主羌史李卿过西，从吏一人，用米六升，肉一斤。（Ⅱ 0115②：5）

据张德芳考证，简 70、71 均为元帝建昭时期物。简 70 有明确纪年，为公元前 37 年；第 14 简为元帝建昭四年（前 35 年）。从简文看，"主羌史"一职，是敦煌太守告诉行事，所以，不是护羌校尉的属官，

---

① 谢绍鹢．两汉护羌校尉研究 [D]．西安：西北大学，2007.

② 张德芳，胡平生．敦煌悬泉汉简释粹 [M]．上海：上海古籍出版社，2001：161.

而应为敦煌太守的属官，显然，敦煌地处边疆西陲，境内羌人由太守府专设主羌史管理，是异于内地郡县的制度。建昭二年即公元前37年。督邮史为督邮属下主文书之佐吏，主水史为专管水利之曹史，主羌史为专管羌人事务之曹史，同为太守府属官，均非护羌校尉或护羌使者。敦煌地处西北边陲，辖境与羌人活动区域相邻，境内自有羌人杂处其间，故在边郡如敦煌者往往设主羌史以管理郡内归义羌人。但主羌史与护羌校尉的关系，目前尚不清楚。

3. 主羌使者

简77　朝与主羌使者、从事佐□□凡二人，往来四食，食三升，西。（Ⅱ0215②：258）

"主羌使者"一职，仅见一简，据张德芳先生考证，应为元成时期物。"主羌使者"与"护羌使者"关系如何，与"护羌校尉"关系如何？目前还不得而知，但可以肯定的是，主羌使者肯定是管理羌族的羌吏。主管羌人事务者为使者，主羌使者又有属吏从事，有学者认为主羌使者当是对护羌使者、护羌校尉的另一称呼。①也有学者认为主羌史从简文判断为太守府的属官，延续时间长，为常设官职。"主羌使者"与"从事佐"并提、无众随员、在传舍中的待遇可见"主羌使者"级别不高。所以有学者认为"主羌使者"并非朝廷的使者，也不是"护羌使者"的异称，他可能是"主羌史"的误写。②

4. 护羌都吏

简78　出米八升，四月甲午以食护羌都吏李卿从吏……

① 刘国防.西汉护羌校尉考述[J].中国边疆史地研究，2010（3）：9—17+148.
② 谢绍鹢.两汉护羌校尉研究[D].西安：西北大学，2007.

（Ⅱ0215②：192）

"护羌都吏"也仅见此一简，与"护羌校尉"关系如何？目前也还不得而知，但同样可以肯定的是，护羌都吏肯定是管理羌族的羌吏。

《汉书·文帝纪》载："二千石遣都吏循行，不称者督之。"如淳曰"律说，都吏今督邮是也。闲惠晓事，即为文无害都吏。"师古曰"循行有不如诏意者，二千石察视责罚之。""邮"指边境上之舍，最早还是田间之舍。"督邮"是"督邮曹掾""督邮书掾""督邮掾"的简称。《后汉书·百官志五》亦载："本注曰：凡郡国皆掌治民，进贤劝功，决讼检奸。常以春行所主县，劝民农桑，振救乏绝。秋冬遣无害吏案讯诸囚，平其罪法，论课殿最。"对于掌民的郡国而言，都吏的职责在于循行监察，护羌校尉亦为比二千石之官，故有护羌都吏。在从事、都吏之下，又有负责各种具体事务的掾属。应劭《汉官仪》称，护羌校尉属吏有长史、司马，皆六百石。在已披露的悬泉汉简中未能检到。但从护羌校尉"可行边兵为徼备"看，其属吏中当有长史等职。[①]

通过以上对简文的分析，我们可以得出这样的结论，西汉的羌吏有护羌校尉，其属官有司马、从事等。此外，两汉时期还有护羌使者、主羌史、主羌使者、护羌都吏等官职，年代跨度从宣帝一直到西汉末。西汉王朝最晚从宣帝开始，就在西北边疆羌族地区建立了比较完备的羌族管理体制。但在敦煌悬泉简出现以前，这些史实我们是不得而知的。所以，悬泉简的出土，填补了宣帝以后西汉王朝如何管理羌族的历史空

---

① 刘国防.西汉护羌校尉考述[J].中国边疆史地研究（哲学社会科学版），2010
（3）：21—23.

白。以上官吏是两汉时期常设的较为重要的职位，除此之外，中原王朝还在个别临羌边郡设置了主羌史，这对羌人的稳定起到了一定作用。

（三）从护羌校尉的职责看西汉王朝对羌族的管理

关于西汉护羌校尉的职责，《后汉书·百官志》仅载"主西羌"，多数学者引用《后汉书·西羌传》司徒掾班彪给光武帝的建议——"持节领护，理其怨结，岁时循行，问所疾苦。又数遣使译通动静，使塞外羌夷为吏耳目，州郡因此可得儆备"，指出护羌校尉是持节官。[②]日本学者对什么是节、汉节的形态、节与使者、西汉的持节官做了详细的考证。日本学者认为："节是皇帝授予使者的，它代表皇帝的意志，因此不是轻易授予的。……而且，持节者为了执行使命，可以专断，甚至采用包括杀戮在内的强制性手段。""蛮夷骑都尉、领乌桓校尉、护羌校尉、使匈奴中郎将都是平时持节的官职，这是由于给予他们以对这些不同的民族使用包括专杀权在内的随时决定的权限。"[④]笔者认为，护羌校尉持节领护西羌，其主要职责有以下几方面：一是"持节领护，理其怨结，岁时循行，问所疾苦"。这主要是针对金城属国羌部落而言的，护羌校尉必须按时巡视羌部落，处理羌人部落之间及其与郡县吏民之间的纠纷，解决他们的生产生活困难，使之安居乐业。二是"遣使驿通动静，使塞外羌夷为吏耳目，州郡因此可得儆备"。这是针对塞外不服从汉王朝的羌部落而言的。护羌校尉必须派

① 边章.两汉的护羌校尉 [J].西北师大学报，1991（1）：66—68.
② 李大龙.东汉王朝护羌校尉考述 [J].民族研究，1996（2）：67—78.
③ 高荣.汉代护羌校尉述论 [J].中国边疆史地研究，1995（3）：10—16.
④ 大庭脩.秦汉法制史研究 [M].徐世虹，等译.上海人民出版社，2017：.

人刺探侦察，掌握他们的动态，及时通报沿边各郡县，以有防备。三是保护河西道的畅通。西汉时期护羌校尉治所一直在金城令居塞，令居塞是陇西通往河西大道的屏障，所以常设重兵，地理位置非常重要。总之，西汉护羌校尉的职责应主要是持节"护羌"，而不是以军事镇压、武力征伐为主。这主要是由西汉的羌族政策所决定的，而护羌校尉是执行西汉王朝羌族政策最直接的持节羌吏。整个西汉王朝的羌族政策的核心内容就是汉武帝时期的"隔绝羌胡"政策，宣帝时期的羌族政策是这一核心的继承和延续，这一核心不仅贯穿于整个西汉王朝，而且一直持续到东汉初期南北匈奴分裂，北匈奴西遁，南匈奴降汉，匈奴对汉王朝的威胁解除为止。所谓武帝"列置四郡""隔绝羌胡"，就是切断匈羌的联系，从而断匈奴的右臂，把主要军事力量用于对付匈奴上面，而对待羌族则是抚循和辑、持节领护。可以说，西汉"隔绝羌胡"的羌族政策决定了西汉护羌校尉的职责是"护羌"。赵充国之后，邓训、侯霸、韩皓等边吏都重视在金城屯田，也常调动指挥军队驻扎屯田，征发各郡屯田兵配合治羌征羌部署，所以，护羌校尉的职责还兼理屯田。①

有学者者认为还可从行政区划的角度分析护羌校尉的性质，有助于理解它与郡太守等地方行政官员的关系。有学者在阐释行政区划史研究的基本概念时，提出了"准政区"的概念，即具备行政管理职能和行政组织但不属于国家划定的正式行政管理区域的区域，主要指监察、军管、理财、宗教事务区域及边疆与少数民族特殊治理区域。②

---

① 谢绍鹢.两汉护羌校尉研究[D].西安：西北大学，2007.
② 周振鹤.行政区划史研究的基本概念与学术用语刍议[J].复旦学报（社会科学版），2001（3）：31—36.

护羌校尉"主西羌",管辖区域不属于汉代任何一级正式行政区划,是少数民族特殊治理区域,符合以上定义的"准政区"概念。护羌校尉凭借中央政府授予的"主西羌"的特殊职能,涉入河西地方行政事务,它与河西诸郡的关系围绕着管理羌族事务的特殊职能而展开,因此护羌校尉与郡太守虽没有明确的上下级关系,但在处理涉羌事务中往往可以指挥、统领郡太守。可见护羌校尉的辖区是汉代正式行政组织以外,为履行治理羌族的特殊职能所划分的区域,应视为汉代地方行政区划体系中的"边缘机构"。①

悬泉汉简中有三枚记录羌人发生争斗的诉讼文书颇为重要,对进一步说明西汉时期护羌校尉的职责极具意义,现引述如下。

简 79　年八月中徙居博望万年亭傲(徼)外归荻谷,东与归何相近,去年九月中,驴掌子男芒封与归何弟封唐争言斗,封唐(Ⅱ0214①:124)

简 80　以股刀刺伤芒封二所,驴掌与弟嘉良等十余人共夺归何马卌匹、羊四百头,归何自言官,官为收得马廿匹、羊五十(Ⅱ0214①:26)

简 81　九头,以其归何。余马羊以使者条相犯傲(徼)外,在赦前不治,疑归何怨恚,诬言驴掌等谋反。羌人逐水草移徙(Ⅱ0114③:440)②

此三枚简牍,据发掘者称,虽出自不同探方,编号亦不连续,但内容连贯,字体相同,当为同一册书之散简。此三简记录的是一起羌

---

①　丁树芳.两汉护羌校尉研究述评[J].南都学坛,2014(2):17—20.

②　张德芳,胡平生.敦煌悬泉汉简释粹[M].上海:上海古籍出版社,2001:167.

人间因斗殴抢夺财物，一方诬告另一方谋反的案件。根据相关纪年简推断，三枚简当为西汉时简。①

　　简中"博望万年亭"，当为博望侯官下属的万年亭；"傲"通"徼"；"使者"指护羌使者、护羌校尉；"条"这里指护羌校尉处理羌务的有关规定；所谓"相犯傲（徼）外，在赦前不治"，实际上是说发生在塞外的羌人争斗事件，护羌校尉无权或无力管辖，这也正与传世文献中所记护羌校尉负责管理凉州刺史部境内羌人事务相一致。也正是因为这一原因，处理此案时，护羌使者只为归何追回被驴掌等人抢夺马、羊的一部分，便准备了结此案。②

　　简82　七月壬午，御史大夫弘，下吏护羌校尉将军☒

（Ⅱ 90DXT0314 ② :179）

　　简83　皁布纬书两封，大司徒口口口诣府口口团入西　蒲

封口口口口口口口口口口诣府团板橛一，护羌从事掾口口口

口口☒（Ⅱ 90DXT01 14 ② :275）

　　简84　口府，一诣御史，一诣左冯翊府，一诣武威府，一诣京兆尹府，一诣安定，一诣赵相府，一诣金城，一诣南河尹府，一诣口口，一诣护羌，一诣鱼泽，一诣口　口，一诣渊泉，一诣宜禾护蓬，一诣宜禾酒泉护蓬，一诣定（?）汉尉。

（Ⅵ 91F13C ① :25）

　　简82记载了御史大夫下达给护羌校尉朝廷公文；简83是一份西

①　张德芳，胡平生．敦煌悬泉汉简释粹 [M]．上海：上海古籍出版社，2001：167．

②　刘国防．西汉护羌校尉考述 [J]．中国边疆史地研究（哲学社会科学版），2010（3）91—17+148．

达邮书的记录，与护羌校尉有关；简84是一封邮书简，文中的"护羌"可能为"护羌校尉"的省称，此简反映的内容与军情有关。悬泉汉简中的这三条简文，反映了西汉宣帝以后至东汉年间护羌校尉的存在和活动情况。

西汉时期，汉与羌人的矛盾虽不像东汉那样尖锐，但由于边吏的侵夺和执御不当，羌人也多次反叛。悬泉汉简中保留了宣帝至王莽时期羌人起事的零星记载。

简85　琅何羌口君疆藏奉献，诣行在所。以令为驾二乘传。十一月辛未皆罢。为驾。当舍传舍，从者如律令。（Ⅰ90DXT0210③:6）

简86　讨羌人入徼盗发数移。（1Ⅰ90DXT0215④:7）

简87　·闻羌人买毂民间，持出塞甚众。长史废不为意，未有坐者，务禁防之。（Ⅱ90DXT0216②:39）

简88　一封长史私印，诣广校候，趣令言羌人反状。☑

口在广至。闰月庚子昏时，受遮要御杨武行东☑江趣令言羌反状。博望候言：羌王唐调言橄发兵，在潹水上。（Ⅱ90DxT0216②:80）

简89　博望雕秩候部见羌虏为盗☑。（Ⅲ92DXT0809④:35）

简90　☑口口口普张崇钦言：羌人黠，连殴击背，若首发。（Ⅱ90DXT01 1 3①:39）

简91　益广广校候部见羌虏，疑为渊泉南，籍端口口口☑（92DXH11:1）

简85、86两枚反映的是宣帝神爵年间西羌反叛的情况，简87、88反映的是元帝永光、建昭年间陇西羌人反叛时河西羌人与之呼应的记录。简89、90、91反映的是王莽时期西平羌人起事时河西羌人

的动向。

这一时期，羌人叛服无常，呈现出许多反复性。西汉王朝为了解决归附羌人的稳定问题，对羌人采取了一系列有效的管理措施。敦煌悬泉汉简为此提供了许多重要的佐证。

中原王朝为了有效地管理归附诸羌，对其给予一定的赏赐和优待，对诸种羌豪仍然承认其统治地位，并封以"王"或"侯"的称号。如对羌支豪酋封爵受印，如简。

简92　敦煌太守快使守属充国送牢羌，口口羌侯人十二……（I90DXT0210③:6）

简93　出粟一石，马五匹，送羌王索卢口东……（II 90DXT0113①:4）

简94　出粟一斗八升，以食守属萧嘉送西罕侯封调，积六食，食三升。（1190DXT0111①:174）

简95　出钱六十，买肉十斤，斤六钱以食羌豪二人……（1I90DXT0213②:106）

其中的"羌侯""羌王""西罕侯"等当为西汉王朝封授的归附羌豪，并且使其在本种支内拥有与原来几乎一样的地位和权力。这些都是中原政府对归附羌人所采取的优待政策，在很大程度上平复了羌豪的"反叛"情绪，有利于羌族的稳定和社会的发展。对下层羌人则减免赋税，使其保留原有的生活习惯、生产方式等，这对于处于困境的羌人来说，具有很大的吸引力。

在解决矛盾纠纷时，西汉王朝的中央和地方官员本着"公平公正"的律法原则，对羌人的诉讼事务给予法律上的保障，这是中原王

朝有效管理羌人的又一重要举措。如简。

简96　年八月中，徙居博望万年亭傲外归蓲谷，东与归何相近。去年九月中，驴掌子男芒封与归何弟封唐争言斗，封唐（II90DXT0214①:124）

简97　以股刀刺伤芒封二所，驴掌与弟嘉良等十余人共夺归何马册匹、羊四百头。归何自言官，官为收得马廿四、羊五十（II90DXT0214①:26）

简98　九头，以畀归何。余马羊以使者条相犯傲外，在赦前不治，疑归何怨恚，诬言驴掌等谋反。羌人逐水草移徙（1I90DXT0114③:440）

傲通徼，徼即塞外。

简99　归义聊羌王使者男子 初元五年七月馀输皆奉献诣 仁行长史事乘传当舍传舍（Ⅴ92DXT1210④:3）

简100　出粟一石，马五匹。送羌王索庐掾东。元始五年十一月癸丑，县泉置佐马嘉付敦煌御任昌。(1190DXT0113①:4)

简99、100说明各归义羌人由"王"统治，是汉朝对羌人实行羁縻政策的明证。以上所见，西汉王朝对羌人的管理，运用拉拢怀柔的羁縻政策，在保证诸种羌豪原有地位和权力不变的前提下，采取一系列优待政策，从而保持了羌族社会组织和社会秩序的基本稳定，有效加强了对羌人的管理和统治。诸简所记显示出西汉王朝对敦煌地区的羌人管理尚能持较为开放的政策，保障边郡与塞外羌人的友好共处、交往交流，对羌豪的礼遇与拉拢以及保持归义羌人原有的社会组织亦体现汉廷对待羌人的安抚态度。西汉王朝采取武力与安抚相结合的方

针政策与羌人交往交流，一方面对羌人进行监视，防范其与匈奴勾结，另一方面通过对羌人的有效管理，使之成为安定西部边境的一支力量。尤其对于羌、小月氏等未能形成一定政治实体与联盟的分散族群。面对来自北部的匈奴的频频威胁，时与羌、月氏"绝汉道"者，西汉王朝态度自不存在完全接纳，此亦为西汉王朝针对羌人设立护羌校尉及众属官，某种程度上反映出西汉王朝对河西境内诸少数民族政治态度的复杂。①

西汉时期对羌族的各种管理措施有效地推动了羌族的社会发展，与羌族生产、生活之间的交往交流与交融，在很大程度上促进了民族的和谐与发展，民族之间文化的交往交流交融，共同谱写了中华民族灿烂文明的辉煌篇章。

二、东汉护羌校尉与羌族内迁

护羌校尉是两汉时期为了治理西北羌族，稳定西北边疆的特殊需要而设置的相对独立的机构。护羌校尉职殊权重，任用得当与否直接影响到两汉的边疆稳定程度，影响到两汉边防的大局，因此在其选拔任用上更具特色。

从对有籍可考的两汉历任护羌校尉统计来看，护羌校尉的选任已经打破了品秩和身份的限制。担任护羌校尉一职者，有职位较低的谒者，又有位居列卿的三辅长吏既有能征善战的武将，也有政绩卓著的文臣。如汉明帝时护羌校尉窦林、郭襄都出身谒者。史载明帝永平元

---

① 杨富学，刘源.出土简牍所见汉代敦煌民族及其活动[J].敦煌研究，2019（3）：32—45.

年（公元58年），西羌入寇陇西，东汉王朝"以谒者窦林领护羌校尉，居狄道"。①后来窦林因罪下狱死，"谒者郭襄代领校尉事，到陇西"②校尉胡闳本是济南相，桓帝延熹四年（公元161年），因原护羌校尉段颍治羌不力下狱，所以由"济南相胡闳代为校尉"③皇甫规本是尚书、成亭侯，后"转为护羌校尉"④。在有史籍可考的护羌校尉中，有多人曾任职于凉州部郡太守，还有的分别曾任中郎将、度辽将军和西域都护之职。因为这些人都久居西北，熟悉少数民族情况，有管理边疆的实践经验，且有一定政绩，更能有效地治理西羌。

史籍关于东汉时期的护羌校尉的记载较多，因此学者们对东汉时期护羌校尉的研究成果也颇为丰富，⑤⑥笔者根据《后汉书》关于东汉时期护羌校尉的记载，特别是根据有学者在《东汉王朝护羌校尉考述》一文，对东汉三十四任护羌校尉的任期、任前职务、羌族表现与去职原因、结局等情况，有学者提出东汉护羌校尉的选拔有三个特点一个原则。"三个特点：一是郡太守多；二是熟悉西羌情况者居多；三是有管理边疆民族事务经验者居多。一个原则是东汉护羌校尉

① 范晔.后汉书[M].北京：中华书局，1965：2316.
② 范晔.后汉书[M].北京：中华书局，1965：2316.
③ 范晔.后汉书[M].北京：中华书局，1965：1726.
④ 范晔.后汉书[M].北京：中华书局，1965：1712.
⑤ 冉光荣等编.羌族史[M].成都：四川民族出版社，1985：70—73.
⑥ 田继周.秦汉民族史[M].成都：四川民族出版社，1996：284—285.
⑦ 李大龙.东汉王朝护羌校尉考述[J].民族研究，1996（2）：67—68.
⑧ 李大龙.两汉时期的边政与边吏[M].哈尔滨：黑龙江教育出版社，1998：161—164.
⑨ 杨永俊.从"护羌校尉"人选探吏治与东汉"羌祸"的关系[J].宜春师专学报，2000（1）：50—55.

的选拔以郡太守，尤其是西羌居地缘边郡太守为主，辅以其他武官或朝内官吏，如谒者，并注重任用对西羌情况较为熟悉或有治理边疆民族经验的官吏"。① 笔者认为，东汉护羌校尉的选拔还有一个突出的特点，这就是东汉护羌校尉的选拔不拘一格，从上表我们可以看出，东汉护羌校尉的选拔已经打破了品秩和身份的界限。担任此职的，既有品秩较低的谒者，又有位居列卿的三辅长吏，还有品秩相当的属国都尉、边郡太守和诸侯国相；既有久经沙场的武将，又有威震一方的西域都护、度辽将军等。特别是三辅长官（秩中二千石）、诸郡太守（秩二千石），其品秩均高于护羌校尉（秩比二千石），东汉时期的度辽将军（秩二千石），"不仅参与管理南匈奴、乌桓、鲜卑、西羌等族事务，以及组织兵力讨伐北匈奴，而且也有权指挥使匈奴中郎将、护乌桓校尉及北边诸郡军队"，② 但就任护羌校尉却丝毫没有谪贬的意味。这种不拘一格地选拔和任用方式，正是与东汉时期的羌族政策有关。自东汉以来，羌族不断起事，东汉王朝不仅需要具有管理边疆民族经验的官吏，而且尤其需要熟悉西羌情况并能够很好地执行东汉王朝的羌族政策、将羌族起事尽快镇压下去的官吏，所以不管是品秩比护羌校尉高的度辽将军、诸郡太守、三辅长官，还是品秩与护羌校尉相当的武官、边郡太守，只要东汉王朝羌族需要，都可以选拔任用。

关于东汉王朝护羌校尉的任用制度，主要表现在以下几个方面。

一是东汉王朝对护羌校尉任用职权较重。护羌校尉秩比二千石，低于郡太守，但因其"持节领护"西羌，从而拥有显赫的地位和特殊

---

① 李大龙. 东汉王朝护羌校尉考述 [J]. 民族研究，1996（2）：67—68.
② 李大龙. 两汉时期的边政与边吏 [M]. 哈尔滨：黑龙江教育出版社，1998：97.

的权威。颜师古在《汉书·高帝纪》注中云："节……将命者持之以为信。"《太平御览》引《释名》又说："节者，号令赏罚之节也。"可见，节是一种信物，一种地位、身份和权利的象征。有学者在《东汉持节问题探讨》一文中进一步指出："护羌校尉和护乌桓校尉都是长期持节官。东汉国家使这些官员长期持节，是为了使其有效地对少数民族进行统治。他们持节的意义就在于这些官员的统治是代表皇帝的意志，也就是说，他们对少数民族的统治就是东汉皇帝的统治。"①护羌校尉"持节领护"西羌，因而在处理西羌事务时就拥有更大的权威。尽管诸郡太守品秩较高，仍因无节而听命于品秩较低的护羌校尉，在征讨西羌时，当地郡守必须配合策应护羌校尉的活动，并受其节制和指挥，必要时护羌校尉还可以征发调遣郡县武装，直接参与对羌作战。如汉章帝时，护羌校尉傅育为讨伐烧当羌，就曾统帅汉阳、金城二郡兵卒，号令陇西、张掖、酒泉诸郡太守。②当此之时，护羌校尉就成了居于郡守、属国都尉之上的发号施令者，他与各郡守、属国都尉之间不是平等并列的关系，而是一种不容置疑的命令与服从的关系。这种官与职殊、以小制大、以卑临尊的关系，正是为了在战时状态下，很好地执行东汉王朝以军事征剿为主的羌族政策。二是东汉王朝对护羌校尉处罚严厉，升迁者少。③三是东汉王朝对护羌校尉任免频繁。④

综合以上分析，对于东汉时期羌族起事连绵不断，究其原因，传

① 张鹤泉.东汉持节问题探讨[J].史学月刊，2003（2）：15—23.
② 范晔.后汉书[M].北京：中华书局，1965：2882.
③ 李大龙.东汉王朝护羌校尉考述[J].民族研究，1996（2）：67—78.
④ 李大龙.东汉王朝护羌校尉考述[J].民族研究，1996（2）：67—78.

统的观点多认为是东汉时期的护羌校尉的残暴镇压所引起的恶性循环，①②③④⑤有学者认为："一方面注重选拔熟悉西羌情况的官吏出任护羌校尉，以加强对西羌的统治，但另一方面在护羌校尉的管理上则重罚轻奖，更替频繁，不仅挫伤了护羌校尉治理西羌的积极性，导致腐败现象的大量出现，而且也造成了西羌政策缺乏连续性，许多护羌校尉未及完全熟悉西羌事务或实现自己的羌族方略即被免去了职务。据此我们可以说东汉王朝在护羌校尉管理所存在的弊端是西羌屡平屡叛的原因之一，也是东汉王朝西羌政策失败的主要原因。"⑥笔者认为，东汉王朝错误的羌族政策是造成羌族起事连绵不断的根本原因。正是东汉王朝实行以军事征剿为主的羌族政策，所以护羌校尉必须执行东汉王朝的羌族政策，执行不力，就要遭到惩治，这是东汉王朝对护羌校尉处罚严厉，升迁者少以及任免频繁的主要原因。正是由于东汉王朝对护羌校尉处罚如此严厉，所以为了保住自己的职位护羌校尉在任期间，对羌族起事多采取强硬的军事镇压政策，也不乏残暴的行为，即使这样，羌族起事一旦镇压不下去，不管什么原因，都难免要坐免或下狱。所以不能说东汉王朝在选拔护羌校尉这一重要羌吏时，对护羌校尉人选的素质考察出了问题，或者说东汉王朝对护羌校尉的管理上出了偏差，东汉王朝对护羌校尉不拘一格的选拔和任用方式，正是

① 田继周.秦汉民族史 [M].成都：四川民族出版社，1996：314.
② 黄烈.中国古代民族史研究 [M].北京：人民出版社，1987：97—98.
③ 江应梁.中国民族史 [M].北京：民族出版社，1990：221.
④ 王剑英.羌人反抗东汉封建统治的斗争 [J].历史教学，1956（11）：7—13.
⑤ 杨永俊.从"护羌校尉"人选探吏治与东汉"羌祸"的关系 [J].宜春师专学报，2000（1）：50—55.
⑥ 李大龙.东汉王朝护羌校尉考述 [J].民族研究，1996（2）：67—78.

与东汉时期的羌族政策有关，而且东汉王朝对护羌校尉任用职权是较重的。因此我们说，东汉时期的护羌校尉的镇压不是西羌屡平屡叛的根本原因，护羌校尉只是东汉王朝羌族政策的执行者而已。

东汉时期对羌族作战将领所领官职，中央官员主要以将军和中郎将为主，地方则主要以护羌校尉和太守为主，其中杂以谒者、骑都尉等皇帝使者作为作战将领，但是放在整个东汉与羌族百余年的战事中看，数量十分稀少。就羌族方面而言，羌人的部落结构，并没有如匈奴一般，有一个类似"单于"的首领统合诸羌族部落，[①]羌族松散的部落结构，使得羌族发生叛乱时，往往是几个部落联合起兵，其力量并不会过于强大，以护羌校尉及地方太守所拥有的军力尚可与之一战，所以东汉与羌族的战事中多见护羌校尉及太守领兵作战。[②]

护羌校尉制度的性质由西汉及东汉时期的安抚羁縻为主变成负责汉羌战事为主，这一转变是汉羌形势发生了实质性的变化。汉初，西羌的分布主要是在秦临洮长城以西的广大地区，随着西汉势力伸入河西地区，大批羌族部落内迁到塞内，其地理分布也随之发生了变化，早在西汉景帝时，羌族研种留何率其种人陇西塞内属，被安置在狄道、安故，以及临洮、氐道、羌道诸县。宣帝时先零羌被赵充国平定，内迁至金城郡地。羌人大规模内迁是在东汉时期，使凉、并二州羌族分布甚广，如陇西、金城郡的先零、烧当、勒姐、当煎、封养、累姐、彡姐等部落，西河郡的虔人、卑浦部落，安定郡的烧何部落等等。使北地、安定、陇西等塞内之地成为羌人反汉斗争的中心。可

---

① 王明珂.游牧者的抉择：面对汉帝国的北亚游牧族群[M].桂林：广西师范大学出版社，2008：188—191.
② 董朋.东汉征羌将领研究[D].武汉：华中师范大学，2021.

见，护羌校尉制度的性质在这一时期主要表现为征剿，既是被迫的，也是汉羌形势发生变化的必然趋势。就必须调集大量的物质和十余个郡甚至几十个郡的兵力来应付，秩比二千石的护羌校尉显然是无法胜任的，这就需要一个比护羌校尉职权更大，地位更加显赫的官员来处理，于是州刺史替代护羌校尉也就是形势发展的需要了。州刺史兼职护羌校尉在顺帝永和四年（公元 139 年）时已略显端倪，永和四年（公元 139 年），护羌校尉马贤击破羌种那离等部，以功被征为弘农太守。护羌校尉之职暂缺，朝廷命并州刺史来机和凉州刺史刘秉共同兼理其职。东汉末州刺史已实为地方一级行政长官，凉州刺史逐渐兼领护羌校尉之职。

两汉王朝在管理羌族官吏的选拔和任用制度的不同，说明两者有着不同的治边方针。西汉王朝采用以武功为主的选拔途径和重奖轻罚的任用制度，反映西汉王朝注重利用和发挥边吏的治边积极性，其治边方针带有明显的进攻性。东汉王朝采取的注重边吏频繁调动和可靠性的原则，及轻奖重罚和加强控制边吏的任用制度，说明东汉王朝注重对边吏的控制，这在一定程度上限制了边吏的治边积极性，反映了东汉王朝的治边方针趋于防守性。

三、汉代护羌校尉兼理屯田

汉代屯田有独立的体制，受农都尉管理，直属中央大司农，但也受属地领导。早在赵充国领军平羌之初，就注意到在金城屯田的便利。屯田在控制、稳定边境的任务中起到政治抚绥、军事征伐不能起到的作用。屯田可以保障军粮供应，减少运输的开支比开发驻地更重

要的利益在于牢牢控制住了当地的经济命脉。所以在赵充国之后，邓训、侯霸、韩皓等边吏都重视在金城屯田。屯田成为护羌校尉的一项职责。也常调动指挥军队驻扎屯田，征发各郡屯田兵配合治羌征羌部署。如和帝永元元年（公元 89 年），护羌校尉邓训在降服诸羌后，遣还各郡屯兵，"唯置弛刑徒二千余人，分以屯田，为贫人耕地，修理城郭坞壁而已。"①和帝永元十四年（公元 102 年）东汉镇压烧当羌乱后，隃糜相曹凤上言在大、小榆谷"广设屯田"，金城长史上官鸿、护羌校尉侯霸也上书屯田，"列屯夹河，合三十四部。"②灵帝时，西羌反陇右，汉阳太守傅燮引导降羌屯田，"列置四十余营。"③顺帝永建六年（公元 131 年），护羌校尉韩皓为威逼群羌，"转湟中屯田，置两河间，以逼群羌。"④结果引起当地羌人部落的恐慌，乃解仇盟诅，各自警备。继任者马续为安定人心，又"上移屯田还湟中，羌意乃安。"⑤

两汉时期，羌族的内迁和中原王朝向羌地的扩展，民族间交往交流交融，故而两汉时期对羌族实施护羌校尉（护羌使者）与郡县道属国管理。两汉王朝对内迁到内地郡县羌族的采取屯田等农业措施，引导羌族从事农耕生产，实行直接郡县管理。但是对塞北等地从事畜牧业生产的羌族，采取了"因俗而治"的羁縻属国政策。并在此基础上，设立了总理羌族事务而特设的官职——护羌校尉和护羌使者，西

---

① 范晔.后汉书 [M].北京：中华书局，1965：611.
② 范晔.后汉书 [M].北京：中华书局，1965：2885.
③ 范晔.后汉书 [M].北京：中华书局，1965：1877.
④ 范晔.后汉书 [M].北京：中华书局，1965：2327.
⑤ 范晔.后汉书 [M].北京：中华书局，1965：2894.

汉王朝在护羌官吏的选拔和任用上，往往选拔存在着一定的具有军事指挥才能的武将及后代和有丰富治理边境经验的官吏，而东汉对边吏的任用选拔是任用可靠的边吏和边吏的频繁调动。

东汉护羌校尉营下直属的将屯兵近两千左右，湟中义从胡有两三千骑，总数达五千左右，这是基本构成战时征发属国系统的归义羌胡，兵力可达万骑，再调动边郡太守所领军队各近万骑，另外又还有屯田系统的屯田卒，人数就可以上数万，这是护羌校尉在东汉能屡屡主持对羌作战的原因。中央就得专门派将发军动用如驻三辅的雍营、长安营等将屯兵以及中央五校部分军队和从各地临时征调的军队来作战。

第三节　汉代属国、道制与羌族内迁

一、西汉属国、道制与羌族内迁

关于"属国"，《史记》和《汉书》云"因其故俗为属国，"《史记正义》释义为"各依本国之俗而属汉，故言属国也。"所谓属国，即让内徙、降附的少数民族，在不改变其原有部落组织形式、生产方式和生活习俗的前提下，接受汉朝的统治。西汉的属国相当于郡级军政单位，管人而不辖地，归郡守统领。《汉书·百官公卿表》记载"武帝元狩三年，昆邪王降，复增属国，置都尉、丞、侯、千人。"有学

者根据居延汉简分析认为，都尉和丞之下是司马，[1] 有待进一步考证。根据《汉书·赵充国传》的记载，赵充国破先零，降罕、开，仅先零羌降汉的就有三万一千二百人，后又有五千余人降汉，此外，还有降汉的煎巩、黄羝等羌族的四千余人，共计约四万余人，这已非以前零星羌人降汉。降人多者设道，少则安置在普通县之中，随着羌人降附的大量增加，设置属国已势在必行。《汉书·宣帝纪》记载"神爵二年夏五月，羌虏降伏，斩其首恶大豪杨玉、酋非首，置金城属国以处降羌。"西汉王朝从武帝元狩三年（公元前 120 年），历经昭、宣二帝，共设置了七个属国，即安定属国、天水属国、上郡属国、西河属国、五原属国、张掖属国、金城属国。西汉时，安定属国管理的民族既有匈奴族也有羌族。据《汉书·匈奴传》记载，昭帝元凤二年（公元前 79 年），"单于使犁汙王窥边，言酒泉、张掖兵益弱，出兵试击，冀可复得其地。……张掖太守、属国都尉发兵击，大破之，得脱者数百人。"此处的"属国"即张掖属国。

金城属国是专为安置内附羌人部落而设置的，属凉州刺史部。西汉的金城属国是否有属国都尉，史学界对此有争议。有学者认为："西汉时期所设九个属国，除金城、北地外，都设都尉。"[2] 有学者认为："金城属国都尉治所最初在金城郡允吾县西。"[3] 有学者认为："按照汉代的制度，属国的最高军政长官是都尉，但是遍查两汉书，金城属国都尉一官从未出现过，更不用说有什么人担任过这一职务，而其

---

① 孙言诚. 秦汉的属邦和属国 [J]. 史学月刊，1987（2）：14—21.

② 陈梦家. 汉简缀述 [M]// 陈梦家. 西汉都尉考. 北京：中华书局，1979：133.

③ 王宗维. 汉代的属国 [M]// 文史，第 20 辑. 北京：中华书局，1983.

他属国绝无此现象。"① 有学者通过多方考证得出结论:"西汉的护羌校尉也就是金城属国的属国都尉。"② 有学者指出,护羌校尉就是金城属国的属国都尉:它们职责一致,都是领护西羌部落;品秩相同,都是比二千石;驻地也相同,护羌校尉治金城郡令居塞;护羌校尉设置的时间也就是金城属国都尉出现的时间,即汉宣帝神爵二年(公元前60年),并不是汉武帝元鼎六年(前111年)。③ 笔者赞同这一观点:前文论证西汉的护羌校尉作为常设官职是宣帝神爵二年(公元前60年),而金城属国也置于这一年,西汉护羌校尉的治所在令居塞,④ 具有持节领护西羌的职能,是主西羌事的行政官员,再设金城属国都尉一职,应是重复,因此西汉的护羌校尉兼行金城属国都尉的行政职能。金城属国的管辖对象是人口部落集中的降羌,金城属国的管理机构内部结构由上层机构和下层机构组成。上层机构由汉官担任,主要是武职,由上文所考证的护羌校尉及其属官组成,护羌校尉兼行金城属国都尉的行政职能;下层机构由西汉王朝册封的羌族部落首长仟长、佰长等构成。金城属国的设置与宣帝对羌豪的册封是同时进行的,《汉书·赵充国传》记载:"封若零、弟泽二人为帅众王,离留、且种二人为侯,儿库为君,阳雕为言兵侯,良儿为君,靡忘为献牛

---

① 边章.两汉的护羌校尉[J].西北师大学报,1991(1):21—23.

② 马兰州.护羌校尉与金城属国[J].历史教学,2002(12):66—68.

③ 胡小鹏.两汉的金城属国和护羌校尉[M]//西北师范大学历史系.西北史研究:第一辑(上).兰州大学出版社,1997.

④ 《资治通鉴·汉纪四十一》永初四年胡注:"按《水经注》羌水出湟中西南山下,径护羌城东,故护羌校尉治,又东径临羌城西。护羌校尉盖治金城郡临羌县界也。然宣帝置护羌校尉,本治金城令居,东都定河陇之后,护羌校尉治安夷县,既而自安夷徙临羌。"

君"。汉王朝封授如此众多的西羌酋豪为侯王君长，目的是通过他们以接受汉朝统治为条件来统治其原有部落。可见，金城属国下层机构不是划地而设，而是因部落而设，以"因其故俗"。西汉王朝对于被安置在金城属国、道和普通县的羌人，给以不同的权利和义务。处于金城属国的羌人，具有较高的自治权利，上文所言金城属国的内部结构表明了这一点。诸降羌对西汉王朝承担的义务，最突出的要数服兵役了。《汉书·赵充国传》记载："时上已发三辅、太常徒弛刑，三河、颍川、沛郡、淮阳、汝南材官，金城、陇西、天水、安定、北地、上郡骑士、羌骑，与武威、张掖、酒泉太守各屯其郡者，合六万人矣。"西汉王朝征发三辅等郡兵平先零羌，其中就有金城、陇西、天水、安定、北地、上郡的骑士和羌骑。元帝永光二年（公元前 42 年），陇西乡姐种反，《汉书·冯奉世传》记载，右将军冯奉世所率领的军队中就有"三辅、河东、弘农越骑、迹射、佽飞、彀者、羽林孤儿及呼速累、嗕种"。嗕种为西羌的一种。这还可从《汉书·赵充国传》中的赵充国《屯田奏》看出来，其中说到"计度临羌东至浩亹，羌虏故田及公田，民所未垦，可二千顷以上……愿罢骑兵，留弛刑应募，及淮阳、汝南步与吏士私从者，合凡万二百八十一人……发郡骑及属国兵胡骑伉健各千……为田者游兵"。赵充国认为应把湟水流域二千顷以上的田地归郡、县的编户耕种，一些山谷草场则由属国羌民游牧。屯民由原先的各县和神爵二年设置的破羌县管理，属国都尉则管理游牧民族。另外，从上述史料中的"发郡骑及属国胡骑伉健各千"可以看出，金城属国当时也有属国兵，也就是说，属国的羌民也有对汉朝

廷服兵役的义务。①

当然，也有学者提出相反的观点，认为金城属国未见有属国都尉是事实，金城属国因金城郡驻有护羌校尉，因此不另设属国都尉，但河湟地区的羌胡牧民仍按属国吏民对待。这样一来，可防止权责过分重叠，又能达到同样性质的治理效果。所以金城湟水两岸地区是不设属国都尉的属国。但护羌校尉并不是金城属国都尉，护羌校尉更不隶属典属国。金城属国都尉的职权由护羌校尉和金城西部都尉兼理。②

关于属国都尉及其属官，汉简列举如下。

简 101　☑属国都尉千秋☑　68·48

简 102　☑八月□　属国都尉千☑　227·4

简 103　张掖农属国部都尉官县承书从事□／掾禹守属尊助府令史平□　73EJT30：205

简 104　掖属国司马赵□功一劳三岁十月廿六日　渔阳守□司马宗室刘护 R 53·8

简 105　张掖属国右部□☑　73EJT9：148

简 106　捕缚卢水男子因籍田都当故属国千人辛君大奴宜马73EJT30：144

简 107　属国都尉属陈严中功二劳七月七日　73EJT30：30A

简 108　属国左骑千人令史马阳中功三劳四月廿日　73EJT30：30B

简 109　出糜卅三石二斗　征和三年八月戊戌朔己未第二亭长舒

---

①　安梅梅.两汉的属国制度 [D].兰州：西北师范大学，2005.

②　谢绍鹢.两汉护羌校尉研究 [D].兰州：西北大学，2007.

付属国百长千长☑ 148·1,148·42①

简 101—简 103 所出现的属国都尉和丞与《汉书·百官公卿表》所载"复增属国，置都尉、丞、候、千人"相对应。从简 4 可以看出属国都尉下有司马这一官职，而这在《汉书·百官公卿表》却中没有记载，有学者考证认为"属国都尉的编制同于部都尉"②，而正好边郡部都尉之下有司马这一官职，《汉书·冯奉世传》颜师古注引如淳曰："《汉注》边郡置都尉及千人、司马，皆不治民也。"③"都尉麾下分为左、右两部，每部又分左、右、后三曲，合为六曲。司马即部之长，千人之长。"④

简 110　轑得骑士敬老里成功彭祖　属左部司马宣后曲千人尊564·6

简 111　四月乙未左部司马 R 肩水都尉府敢言 R 491·10A

简 112　昭武骑士益广里王彊－属千人霸五百偃士吏寿 560·13

在《肩水金关汉简》出版之前，由于所见到的简牍资料有限，日本学者认为"千人虽然屡次出现，但却缺乏能够证实它与属国有关系的决定性证据，更没有明确记载'属国千人'的材料，因而应把千人

① 甘肃省简牍博物馆.肩水金关汉简 [M].上海：中西书局，2011—2016.以下以此编号简文皆出于此。
② 陈梦家.汉简缀述 [M].北京：中华书局，1980：45.
③ 班固.汉书 [M].北京：中华书局，1962：3302.
④ （日）市川任三.论西汉的张掖郡都尉 [M].吕宗力译//中国社会科学院历史研究所战国秦汉史研究室.《简牍研究译丛：第2辑.北京：中国社会科学出版社，1983：203.

排除在属国职官之外。"①简7证明属国都尉下亦有"属"这一属吏,《后汉书》注引《汉书音义》曰"正曰掾,副曰属。"②"汉简文书签署,属为第二级,在掾史之下,书佐之上。"③有学者认为在论述张掖属国时认为西汉时"属国都尉下设候官、左骑千人官、司马官等,分管部落。"④

简113　死罪屋兰游徼当禄里张彭祖　以胡刀自贼刺颈各一所以辜立死元康二年三月甲午械　属国各在破胡受卢水男子翁□当告 73EJT30：30A

简114　逋不算日不给更繇口算赋当收直谒移属国居延□73EJT24：133

简文中的卢水男子应属于史料中所记载的卢水胡,关于其族源一直以来都众说纷纭,马长寿先生在其所著《北狄与匈奴》一书的主要观点认为卢水胡不是一个部落之名,是卢水诸胡,或者卢水杂胡。"卢水胡是融合匈奴、羌、小月氏诸族于一体的杂胡,但其中占统治地位的族群则是匈奴族"③。虽然各学者对于卢水胡的观点不一致,但认为上述简文中的"卢水男子"为属国都尉领护下的少数民族民众则是没有争论的。

简115　□属国胡骑兵马名籍 512·35B

① （日）市川任三．论西汉的张掖郡都尉[M].吕宗力译// 中国社会科学院历史研究所战国秦汉史研究室．简牍研究译丛：第2辑．北京：中国社会科学出版社,1983：203.

② 范晔．后汉书[M].北京：中华书局,1965：3558.

③ 陈梦家．汉简缀述[M].北京：中华书局,1980：111.

④ 王宗维．中国西北少数民族史论集[M]// 王宗维．汉代的属国．西安：三秦出版社,2009：182-203.

③ 肖化：略论卢水胡的族源[J].西北师大学报,1983（2）.

简 116 以食斥候胡骑二人五月尽☑ 182·7

简 117 □铃状伯胡骑东去 187·15

简 118 始填过胡骑外输沈里前 515·29

简 119 属国胡骑充国佰县泉里呼淦年廿五 长七尺五寸 黑色
□□□ 73EJT30：30A

简 120 马千属国骑千五百留苣＝火即举追毋出塞□ 73EJT7：
93

简 121 入胡骑车粟八十三石八斗 R EPT52：12

简 115"可以作为汉王朝军队中有'属国胡骑'编制的明确的文
物例证。"①日本学者根据骑士简名籍简的书写格式认为"胡骑"前面
的词"可能就是属国中县一级单位的胡名。"②简 121 所记的"胡骑"
即"属于分布在居延地区的属国胡骑。"③

西汉设置的与羌族有关的属国如下。

1. 安定属国

《汉书·地理志》："安定郡，武帝元鼎三年置……三水，属国都
尉治。"④即三水县是安定属国都尉的治所。三水县原属北地郡，在汉
武帝元鼎三年（公元前 114 年）时由北地郡分出后划归安定郡，所以
安定属国也称北地属国或三水属国。西汉时，安定属国管理的民族既

① 王子今. 两汉军队中的"胡骑"[J]. 中国史研究，2007（3）：24-33.

② （日）市川任三. 汉代行政记录[M]. 吕宗力译 // 中国社会科学院历史研究所，
    战国秦汉史研究室. 简牍研究译丛：第 2 辑. 北京：中国社会科学出版社，
    1983：228.

③ 张德芳，李迎春. 居延新简集释[M]. 兰州：甘肃文化出版社，2016：597.

④ 班固. 汉书[M]. 北京：中华书局，1962：615.

有匈奴族，也有羌族。《后汉书·卢芳传》："卢芳字君期，安定三水人也，……常以是言诳惑安定间。王莽末，乃与三水属国羌胡起兵。"①东汉时，安定属国管理的民众除匈奴之外，大多数是羌族。据《后汉书·西羌传》等资料记载，很多羌人散处于安定、北地、上郡、西河等郡。

2. 金城属国

《汉书·宣帝纪》：神爵二年（公元前60年）"夏五月，羌虏降服，斩其首恶大豪杨玉、酋非首，置金城属国以处降羌。"②，《汉书·赵充国传》："羌若零、离留、且种、儿库共斩先零大豪犹非、杨玉首，及诸豪弟泽，阳雕、良儿、靡忘皆率煎巩、黄羝之属四千人降汉。……初置金城属国以处羌。"《资治通鉴》："昔先零作寇，赵充国徙令居内，宣帝时，赵充国击西羌，降者三万余人，徙之金城，置金城属国以处之。"由此可以看出，西汉金城属国设置于汉宣帝神爵二年（公元前60年），主要是为了安置归降的罕开、煎巩、黄羝、先零等西羌部落，大概有三万多人。

3. 张掖属国

《汉书·匈奴传》：昭帝元凤二年（公元前79年），"单于使犁汙王窥边，言酒泉、张掖兵益弱，出兵试击，翼可复得其地。……张掖太守、属国都尉发兵击，大破之。"此处的"属国"即张掖属国。西汉时张掖属国管辖的民族有匈奴、羌、义渠胡、月氏等。东汉时张掖属国的民族成分也很复杂，有匈奴、羌族、卢水胡、义渠、秦胡等。

①　范晔. 后汉书[M]. 北京：中华书局，1965：505—506.
②　班固. 汉书[M]. 北京：中华书局，1962：81.

其中，羌族的人数在张掖属国中占有一定的比例。《后汉书·段颎列传》："明年春，余羌复与烧何大豪寇张掖，攻没钜鹿坞，杀属国吏民，又招同种千余落，并兵晨奔颎军。"由此可看出，张掖属国中的羌族人数也不在少数。

西汉时期的属国制度作为西汉政府专门管理归附少数民族部落的民族政策，具有很强的羁縻特色。

道，秦汉时期用来安置降附四夷的县级行政单位。《汉书·百官公卿表》云："有蛮夷曰道。"① 由于西羌诸部常配合匈奴寇掠边塞，攻陇西等郡，汉羌之间的战争不断，随着降附西汉王朝的西羌族人日渐增多，为安置降羌，西汉政府在陇西等郡设道处之。同时，在其他郡县也安置一些降羌。汉景帝时，研种羌豪留何率种人内附，西汉政府将他们安置到狄道、安故、临洮、氐道、羌道等县。② 现存汉代封泥有"青衣道令""刚氐道长""故道令印""灵关道长"。③ 在道令道长之下，与县一样置丞、尉等佐官。此外现存封泥有"夷道丞印""严道丞印""灵关道丞""刚氐右尉""严道左尉"等。④ 从封泥看，道一般有丞一人，左、右尉两人，这可能与当时有少数民族居住的"道"，需要加强管理有关。

在西汉三十二个"道"中，属于氐羌聚居地的有广汉郡的甸氐

---

① 班固.汉书[M].北京：中华书局，1962：2931.
② 范晔.后汉书[M].北京：中华书局，1965：2876.
③ 吴式芬，陈介琪.封泥考略[M].北京：中国书店，1990：582.
④ 吴熊幼.封泥汇编[M].上海：上海古籍出版社，1984：786.
⑤ 孙慰祖.古封泥集成[M].上海：上海书店出版社，1994：535-536.
⑥ 康殷.印典[M].石家庄：河北美术出版社，1991：575.

道、刚氏道、阴平道，蜀郡的严道、湔氏道，越巂郡的灵关道，武都郡的故道、平乐道、嘉陵道、循成道、下辨道，陇西郡的狄道、氐道、羌道，天水郡的戎邑道、绵诸道、略阳道、獂道，总共十八个道。汉代羌族聚居地所设立的"道"，多承秦制，随着郡县制的成熟，在行政职能上与县逐渐融合，在职官设置、司法职权、居民管理等方面与县也渐趋一致。①也有出土简牍史料证明这一观点。如张家山汉简《二年律令·徭律》所言。

简122　发传送，县官车牛不足，令大夫以下有訾（赀）者，以訾（赀）共出车牛及益，令其毋訾（赀）者与共出牛食、约、载具。吏及宦皇帝者不四一一　与给传送。事委输，传送重车重负日行五十里，空车七十里，徒行八十里。免老、小未傅者、女子及诸有除者，县道勿四一二敢繇（徭）使。………四一三　②

汉初制定的这些律令，在属于西汉中晚期的史料中仍能得到佐证。

简123　甘露三年四月甲寅朔庚辰，金城太守贤、丞文，谓过所县、道官，遣浩亹亭长桼（漆）贺，以诏书送施刑伊循。当舍传舍，从者如律令。（II0114④:338）

简124　河平元年八月戊辰朔壬午，敦煌太守贤、丞信德谓过所县、道，遣广至司空啬夫尹猛，收流民东海、泰山，当舍传舍，从者如律令。八月庚寅过东。(A)佐高卿二在所，官奴孙田取诣□□所。

---

① 杨建.略论秦汉道制的演变[J].中国历史地理论丛，2001（4）：10.
② 张家山二四七号汉墓竹简整理小组.张家山汉墓竹简[M].北京：文物出版社，2006：64.

（B）（II0315②）①

简 125　元延二年七月乙酉居延令尚丞忠移过所县道河津关遣亭长王丰以诏书买骑马酒泉　敦煌张掖郡中当舍传舍从者如律令／守令史诩佐襃　七月丁亥出　（170·3A）②

这些在时代上属于汉宣帝、汉成帝时期的地方政府之间的移书，证明了就向地方上摊派徭役这件事情而言，汉朝廷一贯不区分县与道。③

综上所述，西汉时期对羌族的管理实行的是郡县属国与护羌校尉并行的双轨制。金城郡及其辖县的设置，使河湟东部地区正式纳入了中央王朝的郡县体系。护羌校尉与金城属国的设置，是羌族内迁发展到新阶段即河湟地区羌胡各部落纳入西汉中央王朝疆域内的政治表现，也是西汉中央政权对河湟羌人行使有效管辖的开始。这一双轨制在《汉书·赵充国传》中有所体现，设立金城属国与赵充国开湟中屯田是同时进行的，赵充国《屯田奏》云："计度临羌东至浩亹，羌虏故田及公田，民所未垦，可二千顷以上，……愿罢骑兵，留弛刑应募，及淮阳、汝南步兵与吏士私从者，合凡万二百八十一人，……发郡骑及属国胡骑伉健各千，……为田者游兵。"这样，把湟水流域二千顷以上的田地归郡、县编户耕种，河川以外的山谷草场由属国羌民游牧，原先已经设立的各县和神爵二年设立的破羌县管屯民，属国都尉

---

① 张德芳，胡平生.敦煌悬泉汉简释粹[M].上海：上海古籍出版社，2001：39，44.

② 谢桂华，李均明，朱国炤.居延汉简释文合校[M].北京：文物出版社，1987：271.

③ 苏家寅.汉代道制政区的起源[J].史学月刊，2001（5）：48-59.

管理牧民，也是一块地方实行两套管理制度。①

西汉形成了羌族部落众多、大分散、小聚居的地域分布特点。羌族的这种分布格局不同于西汉北方的匈奴等族比较集中的特点，也没有形成一个统一的部落联盟或政权。因此，面对这种情况，西汉王朝只能从实际出发，根据不同的情况设置不同的民族管理建置来管理归附和内迁的羌人。具体来说，西汉王朝对归附的羌族部落实行属国制的管理，对内迁于边郡的人数较多、比较分散的部落派护羌校尉领护，对分散于郡县内相对比较集中的羌人部落设置道。西汉对内迁的羌族采取了属国、护羌校尉、道等不同的民族管理建置，这种多元化的民族管理建置具有各自不同的管理系统，职责和权限也不同，适应了西汉各羌族部落社会经济和文化发展水平不一的现状，体现了西汉对羌民族政策的灵活性、多样性和包容性，具有一定的合理性。这种多元民族管理建置的管理模式，对后世也产生了深远的影响。②而且这些对羌族的多元民族管理建置的实施，确实在西汉取得了很好的效果。西汉时期，西部边郡地区相对来说较为安定，这使西汉王朝可以集中精力去对付北方的匈奴，很好地达到了其"隔绝羌胡"、稳定边疆的目的。

二、 东汉属国、道制与羌族内迁

关于东汉时期是否设置金城属国，由于史书对东汉金城属国的存在无明确记载，成为争议比较大的问题。有学者根据《后汉书》卷

---

① 王宗维.汉代的属国[M]//.文史，第20辑.北京：中华书局，1983.
② 安梅梅，李晓东.略论汉代对羌的多元民族管理建置[J].天水师范学院学报，2016（4）：60-63.

八十七《西羌传》中的三条史料，认为东汉金城属国是存在的。建初二年（公元 77 年），"迷吾遂与诸众聚兵，……于是诸种及属国卢水胡悉与相应"；章和元年（公元 87 年）"迷唐不利，引还大小榆谷，北招属国诸胡，会集附落"；永元十年（公元 101 年）"迷唐复将兵向塞，周鲔与金城太守侯霸，及诸郡兵、属国湟中月氏诸胡、陇西牢姐羌，合三万人出塞至允川。"[①]有学者认为，上述史料中的"属国"就是金城属国[②]。有学者则指出，这一看法实系误解。赵明认为，东汉建立后，并没有设置金城属国来安置、管理降羌，而是奉行了新莽时期的郡县统治政策。东汉的属国除张掖属国外，绝大部分是后来设置或复置的，并非有学者所说的，"东汉初基本维持原状"。[③]有学者也认为西汉设置的金城属国，在东汉时期省废了，而在安定郡有了属国，这或许因安置降羌的中心已由金城郡移到安定郡了，麻奴兄弟就是随父降汉在安定郡居住的。[④]另外，有学者也支持东汉无金城属国之说。[⑤]笔者认为，建武十三年（公元 37 年），汉廷复置金城郡，把原属金城郡的黄河以南的枹罕、白石、河关三县划归陇西郡；东汉建安年间又从金城郡析置西平郡，从临羌县分置西都县以为郡治，辖有西都、临羌、安夷、破羌四县。其次，东汉顺帝阳嘉二年（公元 133 年），复置陇西南部都尉如旧制（治临洮）。再次，东汉时期，属国

① 范晔.后汉书[M].北京：中华书局，1965：2884.
② 王宗维.汉代的属国[M]//文史，第 20 辑.北京：中华书局，1983.
③ 赵明.东汉对西羌长期作战的原因与教训[J].中国史研究，1994（1）：64—73.
④ 陈新海.试论东汉在青海地区的施政[J].青海社会科学，1997（5）：79—86.
⑤ 杨秀清.论东汉对羌族的政策[J].青海社会科学，1995（5）：82—88.

还有一个明显的变化就是设置了比郡属国，据《后汉书·志·百官五》记载，"建武六年，省诸郡都尉，并职太守……唯边郡往往置都尉及属国都尉，稍有分县，治民比郡""属国，分郡离远县置之，如郡差小，置本郡名""安帝又命属国别领比郡者六"。此"比郡者六"是指安帝时期设置过的六个比郡属国：蜀郡属国、广汉属国、犍为属国、张掖属国、张掖居延属国、辽东属国。"如郡差小"就是和郡一样，只是地盘稍小。"置本郡名"就是在属国前冠以所在郡之名。东汉的比郡属国是和郡并列的独立的行政区划，其所冠郡名只表示所在的地域，而不表示二者的隶属关系。因此笔者也认为东汉时期没有金城属国。

由于长期战乱，东汉初年人口大为减少。因此，光武帝下令省并天下县、邑、道、侯国，并官省职，精简各级官僚机构。其所省者："郡国十，县、邑、道、侯国四百余所"。[①]同时又撤并裁减了相当数量的吏职。"省金城郡属陇西"。[②]原金城郡属下各县划归陇西郡领有。1957年在青海民和县中川出土的东汉"陇西中部都邮印"说明青海东部一带曾一度归陇西郡管辖。面对陇西的混乱局面，建武十一年（公元35年），光武帝重用马援为陇西太守，镇压了先零羌的叛乱，并将归服的先零羌徙置天水、陇西、扶风三郡之地。对于朝臣的弃凉之议，据前文所述，马援力主不弃湟中并得到了光武帝的支持，接着，马援又奏请在河湟地区置长吏，缮城郭，起坞堠，开导水田，鼓励百姓耕牧，于是使湟中地区在一个时期内出现了社会稳定经济恢

---

①　范晔.后汉书[M].北京：中华书局，1965：56.
②　范晔.后汉书[M].北京：中华书局，1965：84.

复发展的局面。同时，马援注意妥善安置归降的羌人以及匈奴、月氏人，凡来降者皆奏请朝廷封其酋豪以侯、王、君等爵位，赐印绶，委任有威望的首领管理本族事务。1979年青海大通上孙家寨出土的"汉匈奴归义亲汉长"铜官印，即证明了这一史实。"复置金城郡"。① 为便于行政管理，东汉王朝对青海东部地区的郡县进行了调整，把原属金城郡的黄河以南的枹罕、白石、河关三县划归陇西郡，金城郡由西汉末年的十三县缩置为十县，郡治仍在允吾。根据前述《三老赵宽碑》的记载，当时县下设有乡、亭。东汉初期金城郡的复置，加强了东汉对湟中地区的郡县化管理，对东汉中后期湟中的治理奠定了重要的基础。

东汉属国相比西汉属国有诸多的变化。首先，西汉时期设立的安定属国又称北地属国、三水属国、天水属国又称陇西属国、西河属国、上郡属国、五原属国、张掖属国、金城属国，它们的分布范围主要在西北地区。其中除金城属国管理降羌外，其余属国主要用来管理归附的匈奴部落。另外，它们的人口是和所在郡的人口合在一起统计的。东汉时重置了西汉时期的安定属国、西河属国、上郡属国等，并且设立了张掖属国、张掖居延属国、广汉属国、蜀郡属国、犍为属国、辽东属国等几个比郡属国，它们所统领的民族不仅仅是匈奴和羌，还有夷、氐、哀牢、夜郎、乌桓、鲜卑等民族。而且它们的人口是和所在郡的人口分开统计的。人口的分开统计不仅仅反映出了属国人口的增多，也表现了属国制度在此时的更进一步完善。其次，在西南地区增设的属国较多，主要是管理内属的氐羌部落。东汉时管理羌

---

① 范晔. 后汉书 [M]. 北京：中华书局，1965：80.

族的属国主要有西河、上郡、安定、张掖、广汉、蜀郡、犍为等属国，至于东汉是否在羌人集中的惶中地区恢复了金城属国，学术界尚有争论。但设置于湟水流域的护羌校尉体制类似于属国制度则是没有问题的。

再次，西汉时的属国是由王朝直接设置的，而东汉时除王朝直接设置的属国之外，还有一些属国则是由边郡部都尉改成的。安帝即位后，为了缓和当时的民族矛盾，干脆改部分边郡部都尉为属国都尉，与郡同级。正因为东汉的一些属国是由边郡部都尉改置的，所以就具有了治民比郡的特点。东汉时期，属国还有一个明显的变化就是设置了比郡属国。两汉时期的属国都冠以郡名，但实际含义却不相同。西汉的属国是其所冠郡名的郡太守治下的一个都尉，属国都尉佐太守管理郡内事务。东汉的比郡属国则是和郡并列的独立的行政区划，其所冠郡名只表示所在的地域，而不表示二者的隶属关系。属国都尉和郡太守是两个并行的官职，太守秩二千石，属国都尉秩比二千石。这两种行政机构的分开，也证明了属国都尉权力的扩大。西汉时的属国都尉却隶属于郡太守；属国都尉的权力也受郡太守限制。而东汉比郡属国设立后，属国"建置比郡"，成为与郡平行的行政区划，属国都尉地位提高，再不隶属于郡太守了。属国都尉地位的提高、权力的扩大，这也是东汉王朝加强中央集权的一个表现。《后汉书·郡国志》所载"别领比郡"的六个属国，从安帝设置或扩置以后，大都维持到汉末，之后因魏蜀相争而相继改郡。属国吏民后来陆续归属郡，说明其身份待遇同于编户齐民，已经不需要设置另外的政权形式了。

东汉时管理羌族的属国具体如下。

1. 安定属国

东汉安定属国的羌族人口已占多数。永初年间第一次羌民起义时，安定郡是其主要活动场所。由于大批羌人从此散处安定、北地、西河、上郡，东汉称这部分羌人为东羌，东羌的中心在安定郡。

2. 张掖属国

《后汉书·郡国五》"张掖属国，武帝置属国都尉，以主蛮夷降者。安帝时别领五城，户四千六百五十六，口万六千九百五十二。侯官、左骑、千人、司马官、千人官。"说明东汉安帝时，张掖属国得到了进一步完善和发展。史料中的"别领五城"的"五城"为侯官、左骑、千人、司马官、千人官。有学者据《汉官仪》《汉旧仪》《百官志》等考得，西汉边郡部都尉、属国都尉置有都尉、候、千人等官，东汉制则更有左骑千人官，所谓"官"是官署，治于城①。有学者认为，东汉张掖属国虽为比郡属国，但由于历史原因，属国都尉不领县，而是通过侯官、司马官、千人官等不同官职分治各县附近归附部落，所以下面缺县、乡等系的编制②。有学者也赞同这种看法，且指出这些官职虽不领县，但皆有官署城垣，所领五城记得言之凿凿，毋庸置疑。这些侯官、司马官、千人官等各有其固定治所③。通过分析史料得出，张掖属国的民族还有义渠、卢水胡、秦胡等。

3. 金城属国

东汉建立之初，恢复了护羌校尉的建置。按照金城属国都尉就是护羌校尉的逻辑推理，可以得出，东汉复置了护羌校尉也就是复置了

---

① 陈梦家．汉简缀述 [M]// 陈梦家．西汉都尉考．北京：中华书局，1980：132.

② 王宗维：汉代的属国制度与民族关系 [J].西北历史资料，1983（2）.

③ 李并成：汉张掖属国考 [J].西北民族研究，1995（2）.

金城属国，但史书对东汉金城属国的存在却无明确记载。有学者认为，上述史料中的"属国"就是金城属国①。有学者认为据护羌校尉来推断东汉金城属国的存在，理由也不充分②。有学者也认为西汉设置的金城属国，在东汉时期省废了，而在安定郡有了属国。这或许因安置降羌的中心已由金城郡移到安定郡了，领导羌人第一次起事的麻奴兄弟就是随父降汉在安定郡居住的③。另外有学者也支持东汉无金城属国之说④。

4. 广汉属国

广汉属国是东汉安帝永初二年（公元 108 年）为安置参狼降羌而置的，其属国居民主要是羌人。《后汉书·安帝纪》：永初二年（公元 108 年）"十二月……广汉塞外参狼羌降，分广汉北部为属国都尉。"⑤

《后汉书·郡国五》"广汉属国都尉，故北部都尉，属广汉郡，安帝时以为属国都尉，别领三城。户三万七千一百一十，口二十万五千六百五十二。阴平道、甸氏道、刚氏道。"⑥"三城"即阴平道、甸氏道、刚氏道。道是秦汉时期管理少数民族的县级地方行政机构。《后汉书·百官五》"县主蛮夷曰道"。⑦广汉属国的民族构成中

---

① 王宗维：汉代的属国 [M] // 文史，第 20 辑 . 北京：中华书局，1983.

② 赵明 . 东汉对西羌长期作战的原因与教训 [J]. 中国史研究，1994（1）：64—73.

③ 陈新海 . 试论东汉在青海地区的施政 [J]. 青海社会科学，1997（5）：79—86.

④ 杨秀清 . 论东汉对羌族的政策 [J]. 青海社会科学，1995（5）：82—88.

⑤ 范晔 . 后汉书 [M]. 北京：中华书局，1965：211.

⑥ 范晔 . 后汉书 [M]. 北京：中华书局，1965：3514.

⑦ 范晔 . 后汉书 [M]. 北京：中华书局，1965：3623.

有羌族、也有氐族。《后汉书·安帝纪》永初二年（公元108年）"十二月，广汉塞外参狼羌降，分广汉北部为属国都尉。"①可以看出，广汉属国是在安帝初年，为安置参狼降羌而置的，其属国居民应主要是羌人。

5. 上郡属国

关于东汉上郡属国，史载简略。《后汉书·和帝纪》"永元二年（公元90年）诏令复置西河、上郡属国都尉官"②，说明上郡属国是东汉永元二年（公元90年）复置的。

6. 蜀郡属国

蜀郡属国是为了安置青衣道夷、旄牛夷等设置的。管理的民族成分很复杂，有羌族、有夷族，也有汉人。《后汉书·郡国五》"蜀郡属国，故属西部都尉，延光元年（公元122年）以为属国都尉，别领四城。户十一万一千五百六十八，口四十七万五千六百二十九。"此"四城"为汉嘉（故青衣）、严道、徙、旄牛。《后汉书·南蛮西南夷列传》："安帝永初元年，蜀郡三襄种夷与徼外污衍种并兵三千余人反叛，攻蚕陵城，杀长吏。二年，青衣道夷邑长令田，与徼外三种夷三十一万口，赍黄金、旄牛羝，举土内属。安帝增令田爵号为奉通邑君。延光二年春，旄牛夷叛，攻零关，杀长吏，益州刺史张乔与西部都尉击破之。于是分置蜀郡属国都尉，领四县如太守。"③

属国制度是秦汉对归附的较大的少数民族部落实行的一种地方行政管理制度，是依据当时边疆少数民族地区和中原地区社会经济、文

---

① 范晔.后汉书[M].北京：中华书局，1965：211.

② 范晔.后汉书[M].北京：中华书局，1965：3524.

③ 范晔.后汉书[M].北京：中华书局，1965：3837.

化发展不平衡的实际而制定的一种特殊的民族管理政策。两汉王朝将归附的少数民族部落择地安置一般都在边郡地区，实行属国制度。中央政府直接任命属国都尉对属国进行领护，属国都尉秩比两千石，略低于郡太守。属国吏民"因其故俗"，即允许保留原有的生产、生活方式和社会组织，可以说属国吏民具有相当大的自主权。从属国制度的这些特点我们可以看出，两汉的属国制度作为两汉王朝管理归附少数民族部落的一种特殊民族政策，具有很强的羁縻色彩。从我国古代羁縻政策发展的整个过程来分析，可以说两汉的属国制度是我国古代羁縻政策初步形成和发展的一种特殊形式，也是我国古代羁縻制度在两汉时期确立的一种表现。不管是唐宋时期的羁縻府州制，还是元明清时期的土司制度，其历史渊源都可追溯到两汉的属国制度。

东汉十九个"道"中，属于氐羌聚居地的有湔氐道、汉江道、绵虒道、灵关道、阴平道、甸氐道、刚氐道、严道、狄道、獂道、武都道、故道、羌道。总共十三道，[①]实际上，相比西汉，东汉王朝加强了羌族的郡县化管理。汉代对羌族"因俗而治"的社会治理，对民族间的交往交流交融提供了助推力。

---

① 杨建.略论秦汉道制的演变 [J].中国历史地理论丛，2001（4）:19—27.

结　语

　　两汉王朝治边方针的不同，二者在管理羌族与边防制度方面也大不相同，西汉王朝比较开明、务实的处理羌族内迁问题，符合双方的实际需要，而东汉王朝虽继承并发展了西汉王朝的处理羌族内迁问题的方略，但吏治腐败，羁縻失当。从而出现了西汉王朝与羌族之间交往交流交融的良好局面，相反东汉王朝与羌族之间交往交流交融出现了相对紧张的局面。因此可以说，在处理羌族内迁方面，如果统治者能清醒地认识到羌族内迁的具体特点，并采取符合当时实际需要的政策和制度，恩威兼施，羁縻适当，则有利于民族之间交往交流交融并且、协调发展，也有利于民族之间的相互沟通和理解，从而有利于社会稳定和社会整合。反之，无视或扩大民族之间的差异，则会加深民族之间的分歧，从而不利于民族之间的相互交往交流与交融，进而造成社会不稳定和社会急剧分化的局面。汉代羌族内迁促进了民族交往交流交融，民族之间在文化上的兼容并蓄、经济上的互相依存和情感上的互相亲近，体现了中华民族共同体发展的内在驱动力；民族之间在政治，经济、文化和生活等多方面的交融，对中华民族共同体的发展提供了基础；汉代羌族内迁为中华民族共同体的发展也提供了核心凝聚力；两汉对羌族"因俗而治"的社会治理，对民族间的交往交流

交融提供了促进力；汉代的边疆治理为中华民族共同体的发展提供了基础保障；在中华民族共同体的全新视角下认识汉代羌族内迁有助于坚持正确的中华民族历史观，增加对中华文化的认同，有助于中华民族共同体建设和发展。正如习近平总书记指出："各民族之所以团结融合，多元之所以聚为一体，源自各民族文化上的兼收并蓄、经济上的相互依存、情感上的相互亲近，源自中华民族追求团结统一的内生动力。正因为如此，中华文明才具有无与伦比的包容性和吸纳力，才可久可大、根深叶茂。"①

---

① 习近平.在全国民族团结进步表彰大会上的讲话[N].人民日报,2009-09-28(2).

参考文献

[1]　司马迁．史记 [M]．北京：中华书局，1959.

[2]　班固．汉书 [M]．北京：中华书局，1962.

[3]　范晔．后汉书 [M]．北京：中华书局，1965.

[4]　司马光．资治通鉴 [M]．北京：中华书局，1956.

[5]　王符．潜夫论 [M]．北京：商务印书馆，1985.

[6]　王夫之．读通鉴论 [M]．北京：中华书局，1975.

[7]　顾祖禹．读史方舆纪要 [M]．上海：上海书店出版社，1998.

[8]　严耕望．中国地方行政制度史．甲部（秦汉地方行政制度）[M]．台北：《史语所专刊》之四十五 A，1961.

[9]　大庭脩．秦汉法制史研究 [M]．徐世虹，等译．上海：上海人民出版社，2017.

[10]　廖伯源．秦汉史论丛 [M]．台北：五南图书出版股份有限公司，2003.

[11]　陈梦家．汉简缀述 [M]．北京：中华书局，1980.

[12]　林惠祥．中国民族史 [M]．上海：中华书局，1939.

[13]　王桐龄．中国少数民族史 [M]．北京：文化学社，1934.

[14] 顾颉刚 . 史林杂识初编 [M]. 北京：中华书局 , 1963.

[15] 马长寿 . 氐与羌 [M]. 上海：上海人民出版社，1984.

[16] 马长寿 . 氐与羌 [M]. 桂林：广西师范大学出版社，2006.

[17] 冉光荣，李绍明 . 周锡银 . 羌族史 [M]. 成都：四川民族出版社，1985.

[18] 《羌族简史》编写组 . 羌族简史 [M]. 北京：民族出版社，2008.

[19] 任乃强 . 羌族源流探索 [M]. 重庆：重庆出版社，1984.

[20] 翁独健 . 中国民族关系史纲要 [M]. 北京：中国社会科学出版社，1990.

[21] 黄烈 . 中国古代民族史研究 [M]. 北京：人民出版社，1987.

[22] 林干 . 中国古代北方民族史新论 [M]. 呼和浩特：内蒙古人民出版社，1993.

[23] 《中国北方民族关系史》编写组 . 中国北方民族关系史 [M]. 北京：中国社会科学出版社，1987.

[24] 田继周 . 秦汉民族史 [M]. 成都：四川民族出版社，1996.

[25] 江应梁 . 中国民族史 [M]. 北京：民族出版社，1990.

[26] 王锺翰 . 中国民族史 [M]. 北京：中国社会科学出版社，1994.

[27] 木芹 . 两汉民族关系史 [M]. 成都：四川民族出版社，1988.

[28] 陈直 . 史记新证 [M]. 天津：天津人民出版社，1979.

[29] 陈直 . 居延汉简研究 [M]. 天津：天津古籍出版社，1986.

[30] 日谷川道雄 . 中国中世社会与共同体 [M]. 马彪，译 . 北京：中华书局，2002.

[31] 杨鸿年 . 汉魏制度丛考 [M]. 武汉：武汉大学出版社，1985.

[32]　熊铁基.秦汉军事制度史 [M].南宁：广西人民出版社，1990.

[33]　黄今言.秦汉军制史论 [M].南昌：江西人民出版社，1993.

[34]　黄今言，邵鸿，卢星，等.东汉军事史 [M].北京：军事科学出版社，
　　　1998.

[35]　李玉福.秦汉制度史论 [M].济南：山东大学出版社，2002.

[36]　钱穆.国史大纲 [M].上海：商务印书馆，1940 年初版；北京：商
　　　务印书馆，1994.

[37]　吕思勉.秦汉史 [M].上海：开明书店，1947 年初版；上海：上海
　　　古籍出版社，1983.

[38]　吕思勉.中国民族史 [M].上海：上海中国大百科全书出版社，
　　　1987.

[39]　吕思勉.中国民族史两种 [M].北京：中华书局，2006.

[40]　安作璋.汉史新探 [M].上海：学习生活出版社，1955.

[41]　安作璋，熊铁基.秦汉官制史稿（上、下）[M].济南：齐鲁书社，
　　　1984.

[42]　安作璋.两汉与西域关系史 [M].济南：齐鲁书社，1979.

[43]　黄文弼.西北史地论丛 [M].上海：上海人民出版社，1981.

[44]　张维华.汉史论集 [M].济南：齐鲁书社，1980.

[45]　黄文弼.西北史地论丛 [M].上海：上海人民出版社，1981.

[46]　林剑鸣.秦汉史 [M].上海：上海人民出版社，1989.

[47]　英崔瑞德、鲁惟一.剑桥中国秦汉史 [M].北京：中国社会科学出
　　　版社，1992.

[48] 余英时. 汉代的贸易和扩张 [M]. 上海：上海古籍出版社，2005.

[49] 马植杰. 三国史 [M]. 北京：人民出版社，1993.

[50] 张岂之. 中国历史 [M]. 北京：高等教育出版社，2001.

[51] 赵生深等. 青海古代文化 [M]. 西宁：青海人民出版社，1984.

[52] 青海省志编纂委员会. 青海历史纪要 [M]. 西宁：青海人民出版社，1987.

[53] 内蒙古自治区博物馆文物工作队. 和林格尔汉墓壁画 [M]. 北京：文物出版社，1978.

[54] 青海省文物考古研究所. 上孙家寨汉晋墓 [M]. 北京：文物出版社，1973.

[55] 谭其骧主编. 中国历史地图集 [M]. 北京：中国地图出版社，1982.

[56] 复旦大学历史地理研究所. 中国历史地名辞典 [M]. 南昌：江西教育出版社，1986.

[57] 张传玺，胡志宏，陈柯云，等. 1900—1980 战国秦汉史论文索引，北京：北京大学出版社，1983.

[58] 张传玺. 战国秦汉史论著索引续编 [M]. 北京：北京大学出版社，1992.

[59] 张传玺. 战国秦汉史论著索引三编（1991—2000）[M]. 北京：北京大学出版社，2002.

[60] 李学勤. 中国古代文明研究 [M]. 上海：华东师范大学出版社，2005.

[61] 马大正. 中国边疆经略史 [M]. 郑州：中州古籍出版社，2000.

[62] 赵云田.中国边疆民族管理机构沿革史[M].北京：中国社会科学出版社，1993.

[63] 杨建新.中国西北少数民族史[M].北京：民族出版社，2003.

[64] 田余庆.拓跋史探修订版[M].北京：中华书局，2011.

[65] 王子今.秦汉边疆与民族问题[M].北京：中国人民大学出版社，2011.

[66] 李大龙.两汉时期的边政与边吏[M].哈尔滨：黑龙江教育出版社，1996.

[67] 李大龙.都护制度研究[M].哈尔滨：黑龙江教育出版社，2003.

[68] 李大龙.汉唐藩属体制研究[M].北京：中国社会科学出版社，2006.

[69] 余太山.西域通史[M].郑州：中州古籍出版社，1996.

[70] 王明珂.游牧者的抉择：面对汉帝国的北亚游牧族群[M].桂林：广西师范大学出版社，2008.

[71] 王明珂.英雄祖先与弟兄民族[M].北京：中华书局，2009.

[72] 王明珂.华夏边缘：历史记忆与族群认同[M].北京：社会科学文献出版社，2006.

[73] 王明珂.羌乡田野杂技[M].北京：中华书局，2009.

[74] 张德芳、胡平生.敦煌悬泉汉简释粹[M].上海：上海古籍出版社，2001.

[75] 张德芳.悬泉汉简羌族资料辑考[M].引自简帛研究[M].桂林：广西师范大学出版社，2001.

[76] 张德芳.悬泉汉简羌族资料[M]//郝树声,张德芳.悬泉汉简研究.兰州：甘肃文化出版社，2009.

[77] 谢桂华，李均明，朱国炤.居延汉简释文合校[M].北京：文物出版社，1987.

[78] 张家山二四七号汉墓竹简整理小组.张家山汉墓竹简[M].北京：文物出版社，2006.

[79] 崔明德.中国古代和亲史[M].北京：人民出版社，2005.

[80] 崔明德.两汉民族关系思想史[M].北京：人民出版社，2007.

[81] 徐难于.汉灵帝与汉末社会[M].济南：齐鲁书社，2002.

[82] 崔永红.青海通史[M].兰州：青海人民出版社，1999.

[83] 耿少将.羌族通史[M].上海：上海人民出版社，2010.

[84] 《新疆历史文物》编写组.新疆历史文物[M].北京：文物出版社，1977.

[85] 尤伟琼，孙雪萍，王文光.前四史与先秦秦汉时期的中国边疆民族史研究[M].昆明：云南大学出版社，2019.

[86] 丁骕.史上羌民之记载分析[J].边政公论，1944，3（5）.

[87] 顾颉刚.从古籍中探索我国的西部民族——羌族[J].社会科学战线，1980（1）：117-152.

[88] 雍继荣.羌族族源研究回顾与展望[J].中国史研究动态，1989（10）：6-12.

[89] 肖之兴.试释"汉归义羌长"印[J].文物，1976（7）:86.

[90] 费孝通.中华民族的多元一体格局[J].北京大学学报，1989（4）：1-19.

[91] 周振鹤.行政区划史研究的一些特征与学术用语刍议 [J].复旦学报，2001（3）：31-36.

[92] 马大正.中国古代的边疆政策与边疆治理 [J].西域研究，2002（4）：1-15.

[93] 廖伯源.从汉代郎将职掌之发展论官制演变 [M]// 廖伯源.秦汉史论丛.台北：五南图书出版股份有限公司，2003：47.

[94] 廖伯源.东汉将军制度之演变》[M]//"中央研究院"历史研究所."中央研究院"历史语言研究所集刊（第60本），1991.

[95] 张鹤泉.东汉持节问题探讨 [J].史学月刊，2003（2）：15-23.

[96] 黄文弼.张骞使西域路线考 [M].黄文弼.西北史地论丛.上海：上海人民出版社，1981.

[97] 夏鼐.青海西宁出土的波斯萨珊朝银币 [J].考古学报，1958（1）：105-110.

[98] 冯汉镛.关于"经西宁通西域路线"的一些补充 [J].考古学报，1958（7）：59-64.

[99] 初师宾.丝路羌中道开辟小议 [J].西北师大学报，1982（2）：42-46.

[100] 初师宾.悬泉汉简羌人资料补述 [M]// 中国文物研究所.出土文献研究（第六辑）.上海：上海古籍出版社，2004.

[101] 王宗维.汉代令居塞的地理位置 [J].兰州学刊，1985（1）：86-93.

[102] 王宗维.汉朝对金城的开发与建设 [J].兰州学刊，1988（1）：93-101.

[103] 王宗维. 秦汉时期匈奴与西羌的关系 [J]. 西北大学学报（哲学社会科学版），1986（2）：3–10，59.

[104] 王宗维. 秦汉西羌的部落和部落组织 [M]// 西北大学西北历史研究室，1988 年号，西安：三秦出版社，1990.

[105] 王子今. 两汉军队中的"胡骑"[J]. 中国史研究，2007（3）：24–33.

[106] 边章. 两汉的护羌校尉 [J]. 西北师大学报（哲学社会科学版），1991（1）：21–23.

[107] 马兰州. 护羌校尉与金城属国 [J]. 历史教学，2002（12）:66–68.

[108] 周伟洲. 关于秦汉地方行政体制中的"道"夕 [M]// 陕西历史博物馆馆刊编辑部.《陕西历史博物馆馆刊》第四辑. 西安：西北大学出版社，1997.

[109] 周伟洲、间所香炽. 陕西出土与少数民族有关的古代印玺杂考 [J]. 民族研究，2000（2）：85–93，110.

[110] 王文利，周伟洲. 西夜、子合国考 [J]. 民族研究，2006（6）：62–66.

[111] 李大龙. 东汉王朝护羌校尉考述 [J]. 民族研究，1996（2）：67–78.

[112] 李大龙. 温序为东汉第一任护羌校尉考 [J]. 西北民族学院学报，1996（2）:19–22.

[113] 李大龙：西汉王朝藩属体制的建立和维系 [J]. 学习与探索，2005（3）：126–133.

[114] 赵明.东汉对西羌长期作战的原因与教训 [J].中国史研究,1994
（1）：64-73.

[115] 李炳泉.两汉戊己校尉建制考 [J].史学月刊,2002（6）：25-31.

[116] 赵生琛.东汉三老赵宽碑 [M]//赵生琛,谢端琚,赵信.青海古代
文化.西宁：青海人民出版社,1986：116.

[117] 刘满.鲜水及其有关的民族和交通线路探讨 [J].青海社会科学,
1982（3）：96-103.

[118] 陈青荣.《汉书·赵充国传》中的西部都尉府治辨析 [J].西北史地,
1987（3）.

[119] 孙言诚.秦汉的属邦和属国 [J].史学月刊,1987（2）：14-21.

[120] 余尧.东汉羌人起义 [J].西北师大学报（社会科学版）,1981（1）：
90-93,89.

[121] 榎一雄.小月氏考 [J].赵宗福译.青海民族学院学报,1990（1）：
17-24.

[122] 王剑英.羌人反抗东汉封建统治的斗争 [J].历史教学,1956（11）：
7-13.

[123] 陈梧桐.西汉王朝开拓边疆斗争的历史意义 [J].中国边疆史地研
究,1999（3）：42-59.

[124] 陈晓鸣.两汉北部边防若干问题之比较 [J].中国边疆史地研究,
2002（3）：22-30.

[125] 陈琳国.东羌与西羌辨析 [J].史学月刊,2008（4）：31-37.

[126] 黄今言.两汉边防战略思想的发展及其主要特征 [J].中国边疆史
地研究,2004（1）：14-26.

[127] 黄今言.说东汉在军制问题上的历史教训 [J].南都学坛,1996(2).

[128] 高荣.汉代护羌校尉述论 [J].中国边疆史地研究,1995(3):10-16.

[129] 高荣.汉代河西人口蠡测 [J].甘肃高师学报,2000(1):62-65.

[130] 高荣.汉代对西南边疆的经营 [J].中国边疆史地研究,2000(1):1-9.

[131] 高荣.敦煌悬泉汉简所见河西的羌人 [J].社会科学战线,2010(10):100-101.

[132] 陈新海.西汉管理青海方略试探 [J].青海民族研究,1996(2):38-44.

[133] 陈新海.试论东汉在青海地区的施政 [J].青海社会科学,1997(5):79-86.

[134] 杨秀清.论东汉对羌族的政策 [J].青海社会科学,1995(5):82-88.

[135] 吴焯.古代青海交通西域的路线及其历史沿革 [J].西域研究,1992(2):24-33.

[136] 汪高鑫.汉代的民族交往与民族融合 [J].学习与探索,2013(1):139-146.

[137] 马智全.从出土汉简看汉代羌族族群 [J].丝绸之路,2011(6):5-8.

[138] 马智全.汉简所见汉代河西羌人的生活状态 [J].西北民族大学学报(哲学社会科学版),2011(6):38-43.

[139] 苏家寅.汉代道制政区的起源 [J].史学月刊,2021(5):48-59.

[140] 胡绍华.一个被史学界忽视的问题:汉朝的初郡政策 [J].商丘师

范学院学报，2006（1）：58–62.

[141] 汪桂海. 从出土资料谈汉代羌族史的两个问题 [J]. 西域研究，2010（2）：1–7，122.

[142] 陈勇. 凉州三明论 [J]. 中国史研究，1998（2）：38–48.

[143] 刘国防. 西汉护羌校尉考述 [J]. 中国边疆史地研究，2010（3）：9–17，148.

[144] 杨永俊. 从"护羌校尉"人选探吏治与东汉"羌祸"的关系 [J]. 宜春师专学报，2000（1）：50–55.

[145] 马玉洁. 两汉护羌校尉府治所迁徙考述 [J]. 哈尔滨师范大学社会科学学报，2016（4）：163–166.

[146] 汪波.《后汉书》与羌族史研究 [J]. 西南民族学院学报，1996（2）：91–96.

[147] 王青：也论卢水胡以及月氏胡的居处和族源 [J]. 西北史地，1997（2）：25–30.

[148] 李绍明. 关于羌族古代史的几个问题 [J]. 民族研究，1963（5）：165–182.

[149] 尚新丽. 秦汉时期羌族的迁徙及社会状况 [J]. 南都学坛，1997（5）：4–7.

[150] 李宗放. 汉代羌人各部述论 [J]. 西南民族学院学报（哲学社会科学版），2001（6）：51–62.

[151] 刘夏蓓. 两汉前羌族迁徙论 [J]. 民族研究，2002（2）：39–43，107–108.

[152] 周娟.浅论宋代以前古羌族的民族融合 [J].青海民族研究，2003（2）：79-83.

[153] 李吉和.秦汉时期羌族的内徙与经济社会的变迁 [J].中南民族学院学报（人文社会科学版），2003（2）：100-103.

[154] 何湟.关于东汉时期羌汉战争的性质问题——与张大可同志商榷 [J].青海社会科学，1985（1）：122-128.

[155] 秦士金.两汉羌族社会状况及民族关系简析 [J].青海民族研究，1990（2）：26-30.

[156] 王勖.东汉羌汉战争动因新探 [J].中国边疆史地研究，2008（2）：15-21，148.

[157] 王勖.羌汉战争与东汉帝国的东西矛盾 [J].西北民族大学学报（哲学社会科学版），2007（5）：6-12.

[158] 王伟.东汉治羌政策之检讨 [J].中国边疆史地研究，2008（1）：28-36，147.

[159] 林永强.汉朝羌区军政防控措施考论 [J].军事历史研究，2010（4）：90-95.

[160] 种根发.两汉对羌族政策的变迁 [J].山东工商学院学报，2013（3）：120-124.

[161] 李万军.浅析西汉的治羌方略 [J].鸡西大学学报，2010，10（2）：99-100.

[162] 王力.两汉时期西羌内迁浅析 [J].青海民族研究，2004（3）：70-75.

[163] 王力.西羌内迁述论 [J].贵州民族研究，2004（4）：159-162.

[164] 王力，王希隆.东汉时期羌族内迁探析 [J]. 中国边疆史地研究，2007（3）：48–86，149.

[165] 杨芳.汉简所见汉代河西边郡人口来源考 [J]. 敦煌研究，2010（3）：78–85.

[166] 张华.浅析两汉时期羌族的内迁与管理 [J]. 内蒙古农业大学学报（哲学社会科学版），2012（5）：330–331.

[167] 王红.论战国至魏晋北方民族融合中的观念意识 [J]. 殷都学刊，1995（1）：73–76.

[168] 杨华山.论移民与民族融合 [J]. 贵州社会科学，2003（4）：92–95.

[169] 王文光.秦汉时期民族关系互动述论 [J]. 思想战线，2004（1）：125–130.

[170] 吴永章.从秦汉时期的民族政策看我国土司制度的渊源 [J]. 中南民族学院学报（哲学社会科学版），1984（3）：2–11.

[171] 徐杰舜.秦汉民族政策特点初论 [J]. 贵州民族研究，1992（2）：42–49.

[172] 陈晓鸣.筹边失当与东汉衰亡 [J]. 江西师抱大学学报，2002（4）：38–42.

[173] 陈金凤，欧阳辉.东汉明帝民族政策论析 [J]. 贵州民族研究，2006（4）：189–196.

[174] 陈金凤.汉光武帝边防政策及其相关问题论析 [J]. 史学集刊，2008（1）：49–55.

[175] 陈金凤.汉光武帝民族政策论略 [J].中南民族大学学报（人文社会科学版），2004（1）：76–79.

[176] 贾文丽.汉朝在河西的防御与战略演变 [J].南都学坛，2010（7）：5–11.

[177] 刘军.汉代军队后方勤务工作述略 [J].长春师范学院学报，2011，30（11）：45–49.

[178] 陈心林.汉代民族治理政策述论 [J].内蒙古社会科学，2005（2）：7–11.

[179] 龚荫.汉王朝对边疆民族治理述略 [J].西南民族大学学报（人文社科版），2008（9）：49–55.

[180] 周松.两汉时期匈奴和羌在今兰州地区的活动述论 [J].西北民族学院学报，1999（1）：28–34.

[181] 荣宁.试论护羌校尉制度性质的变化 [J].青海民族研究，1998（2）：88–91.

[182] 胡昭曦.论汉晋的氐羌和隋唐以后的羌族 [J].历史研究，1963（2）：153–170.

[183] 刘彦威.西汉王朝的边疆经略 [J].中国边疆史地研究，1997（3）：11.

[184] 徐杰舜，罗树杰.中国古代民族经济政策初论 [J].贵州民族研究,1994(3)：98–107.

[185] 刘瑞.秦、西汉的"内臣"与"外臣" [J].民族研究，2003（3）：69–79，109.

[186] 柴芃：东汉光武、献帝时期的将军制度 [J]. 湖北社会科学，2018（7）：111–119.

[187] 何诗海. 汉代屯田对西北农业发展的影响 [J]. 青海社会科学，2002（4）：85–87.

[188] 曾鹰. 论古代西部开发的兴衰及其借鉴意义 [J]. 科学管理研究，2002（5）：63–67.

[189] 吴宏歧. "护军"制起始时间考辨 [J]. 中国史研究，1997（4）：166–167.

[190] 丁福林. 关于汉代属国的几个问题 [J]. 苏州科技学院学报（社会科学版），2003（1）：122–127.

[191] 曹学群. 县"有蛮夷曰道"质疑 [J]. 求索，1996（1）：125–127.

[192] 罗开玉. 论秦汉道制 [J]. 民族研究，1987（5）：54–60.

[193] 张焯、张东刚. 秦"道"臆说：兼向罗开玉先生请教 [J]. 民族研究，1989（1）：93–97.

[194] 丁树芳. 两汉护羌校尉研究述评 [J]. 南都学坛，2014（2）：17–20.

[195] 杨建. 略论秦汉道制的演变 [J]. 中国历史地理论丛，2001（4）：19–27.

[196] 安梅梅. 略论汉代对羌的多元民族管理建置 [J]. 天水师范学院学报，2016（4）：60–63.

[197] 杨富学、刘源. 出土简牍所见汉代敦煌民族及其活动 [J]. 敦煌研究，2019（3）：32–45.

[198] 王勖：东汉羌汉战争动因新探 [J]. 中国边疆史地研究，2008（2）15-21.

[199] 谢绍鹢. 两汉护羌校尉略考 [J]. 人文杂志，2009（1）：144-148.

[200] 谢绍鹢. 两汉护羌校尉研究 [D]. 西安：西北大学，2007.

[201] 王力. 两汉王朝与羌族关系研究 [D]. 兰州：西北师范大学，2005.

[202] 张士伟. 汉初民族思想与民族政策研究 [D]. 呼和浩特：内蒙古大学，2005.

[203] 邝盛彦. 东汉民族政策研究 [D]. 苏州：苏州大学，2008.

[204] 杨涛. 东汉以来内迁羌族在关中的分布研究 [D]. 延安：延安大学，2010.

[205] 王靓. 出土文献所见两汉陇西郡研究 [D]. 兰州：西北师范大学，2021.

[206] 王东岳. 两汉与羌民族关系研究 [D]. 西安：陕西师范大学，2016.

[207] 董朋. 东汉征羌将领研究 [D]. 武汉：华中师范大学，2021.

[208] 安梅梅. 两汉的属国制度 [D]. 兰州：西北师范大学，2005.

[209] 管东贵. 汉代的羌族上下 [J]. 食货（复刊），1971，1（1/2）.

[210] 管东贵. 汉代处理羌族问题的办法的检讨 [J]. 食货（复刊），1972，2（3）.

[211] 管东贵. 汉代的屯田与开边 [J]. 史语所集刊，1973，45（1）.

[212] 阙镐曾. 两汉的羌患 [J]. 政治大学学报，1966（14）.

[213] 李纪祥. 两汉御羌策略 [J].《简牍学报》第 5 期。